10대를 위한 나도 몰랐던 혐오 이야기

보랏빛소 어린이

> 들어가는 글

여러분은 '잼민이'라는 말을 들어 본 적 있나요? 그 말을 들었을 때 기분은 어땠나요? 아마 조금 불쾌했을 거예요. 왜 그랬을까요? 바로 상대를 낮추어 나쁘게 표현하는 말이기 때문이에요. 이런 말을 '혐오 표현'이라고 해요. 그런데 일상에서 너무 자주 사용하다 보니 우리는 그것이 혐오 표현인지 알지 못하는 경우가 많아요. 장난이라는 말로 얼버무리기도 하고요. 때로는 센 척이 하고 싶거나 친구들을 웃기고 싶어서 사용하기도 하고, 게임에서 자주 쓰이는 말이라 자기도 모르게 혐오 표현을 사용하는 경우도 많았을 거예요.

그러다 보니 혐오가 무엇인지, 왜 혐오하면 안 되는지 진지하게 생각해 보는 친구들은 드물어요. 어쩌면 혐오란 단순히 무엇을 싫어하거나, 누군가를 미워하는 정도로만 생각하고 있을지도 몰라요.

그러나 혐오는 그런 단순한 문제가 아니에요. 혐오를 방관하면 차별이 발생하고 범죄나 전쟁과 같은 폭력으로 발전할 수 있거든요. 이러한 사실은 알지 못한 채 많은 친구가 일상에서 무분별하게 혐오 표현을 사용하고 있어요.

이 책을 준비하면서 가장 마음이 아팠던 것은 우리가 혐오의 시대에 살고 있다는 사실이었어요. 인터넷 검색창에 [혐오] 한 단어만 적어도 혐오 범죄 기사가 우수수 쏟아지고, SNS에서는 소수자를 향한 도 넘은 혐오 표현이 빈번하며, 재미를 위해 혐오 표현을 버젓이 사용하는 예능 프로그램도 쉽게 볼 수 있지요.

    부끄러움과 죄책감 없이 혐오를 생산하고 소비한다는 것은 안타까운 일이에요. 더군다나 편견과 차별로부터 자유로워야 할 어린이들이 혐오를 쉽게 접하고 학습하는 것은 더 큰 문제라 할 수 있어요. 물론 모든 어린이가 누군가를 정말 혐오해서 그런 표현을 쓴다고 생각하지는 않아요.

    하지만 말에는 힘이 있어요. 말의 힘은 우리가 생각하는 것보다 훨씬 강하답니다. 좋은 말은 누군가에게는 힘이 되지만, 나쁜 말은 화살처럼 날아가 상처를 줘요. 더군다나 혐오 표현은 멸시와 모욕, 조롱으로 만들어진 말이라서 더욱 아파요. 그런 나쁜 말이 어린이들 사이에서 빈번하게 쓰인다는 것은, 우리 모두 혐오를 방관하고 있다는 뜻이기도 해요.

    이 책을 통해 어린이 친구들이 혐오와 마주하고, 혐오의 진짜 모습을 발견하는 계기가 되길 바라요. 혐오로 인해 발생하는 차별과 폭력을 이해하고, 왜 혐오하면 안 되는지 깨닫는 시간이 되었으면 좋겠어요. 그런 시간들이 쌓이면 혐오에 대항할 수 있는 용기와 지혜가 생기고, 사람은 누구나 평등하다는 귀중한 진리를 얻게 될 거예요.

-채화영

차례

혐오하고 싶나요?
똥남아라고 부르면 안 돼요? • 7
혐오란 무엇일까요? • 12
옛날에도 혐오가 있었다고요? • 18
혐오는 누구에게 일어날까요? • 21
• 더 알아보기 : 혐오는 어디에서 일어날까요? • 26

혐오의 시작은 편견이에요
너 엘사였어? • 29
편견이 뭐예요? • 34
편견으로 혐오가 만들어진다고요? • 39
혐오하면 인권이 침해된다고요? • 42
• 더 알아보기 : 혐오 표현, 알고도 쓸 건가요? • 48

혐오는 차별을 만들어요
우리 아빠는 장애인이에요 • 51
차별이 뭐예요? • 58
차별은 어떻게 나타날까요? • 62
① 장애인 차별 • 62
② 아동 차별 • 65
③ 난민 차별 • 70
• 더 알아보기 : 차이와 차별은 어떻게 달라요? • 74

혐오의 끝은 폭력이에요
안네의 일기 • 77
혐오도 표현의 자유라고요? • 83
혐오 범죄가 나날이 늘고 있다고요? • 85
• 더 알아보기 : 편견이 만든 가짜 뉴스와 혐오 • 90

혐오는 NO! 존중은 YES!
혐오 카드를 만들어요 • 93
혐오하는 진짜 이유 • 101
방관하면 나도 혐오의 대상이 될 수 있어요 • 106
혐오에 대항해요 • 111
교육으로 혐오를 예방해요 • 115
• 더 알아보기 : 우리 이제 혐오하지 말아요 • 122

혐오하고 싶나요?

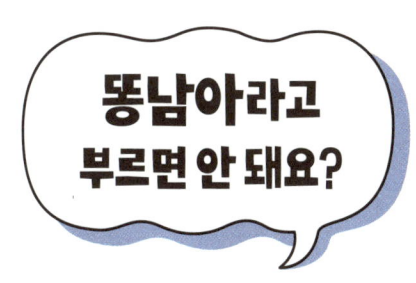

똥남아라고 부르면 안 돼요?

교실에 들어가자 먼저 등교한 상준이가 보였다.

"하이. 똥남아!"

"똥남아, 안녕!"

"똥남아, 일찍 왔네!"

우리의 인사에도 상준이는 아무 말없이 교과서만 쳐다보고 있었다.

"야, 사람이 인사하는데 쳐다보지도 않냐?"

"똥남아라고 부르니까 그렇지."

상준이가 무뚝뚝한 목소리로 대답했다.

"너희 엄마 동남아 사람이잖아! 너도 절반은 동남아 사람인데 똥남아라고 부르는 게 어때서?"

내 말에 상준이는 더 이상 대답하지 않았다.

상준이의 엄마가 동남아 사람이라는 걸 알게 된 건 학기 초였다. 생김새가 조금 특이하다고 생각했는데 알고 보니 엄마가 베트남 사람이었다. 그 후로 나는 상준이를 '동남아' 혹은 '똥남아'라고 불렀다. 이유는 딱히 없다. 재미 삼아 똥남아라고 불렀는데 친구들 반응이 좋아 그때부터 입버릇처럼 부르기 시작했다.

하지만 상준이는 그 별명을 마음에 들어 하는 것 같지 않았다. 우리가 똥남아라고 부를 때마다 기분 나쁜 표정을 짓곤 했으니까.

"김연우! 너 자꾸 상준이 놀릴 거야?"

뒷자리에 앉은 유진이가 날카로운 말투로 소리쳤다.

"무슨 상관이야? 쿵쾅이는 빠져."

내 말에 반 아이들이 웃음을 터트렸다.

"킥킥. 쿵쾅이래."

"쿵쾅이 어울린다."

아이들이 비웃자 유진이의 얼굴이 빨개졌다.

"내가 왜 쿵쾅이야?"

"걸을 때마다 쿵쾅 바닥이 울리잖아! 그래서 너처럼 못생기고 뚱뚱한 여자는 쿵쾅이라고 부르는데, 몰랐냐?"

유진이는 금방이라도 울음을 터트릴 듯 얼굴을 실룩거렸지만, 친구들은 웃음을 멈추지 않았다. 내 말에 친구들이 즐거워하는 모습을 보니 왠지 어깨가 으쓱해졌다.

하지만 그 즐거움은 그리 오래가지 않았다. 다음 날 똥남아 상준이가 결석을 한 것이다.

"상준이가 오늘 왜 결석했는지 아는 사람?"

선생님의 표정은 무척 어두웠다.

"상준이를 동남아, 똥남아라고 놀린 친구들은 솔직하게 손 들어 봐요."

일순간 친구들의 시선이 내게로 향했다.

"제, 제가 그랬어요……."

나는 마지못해 쭈뼛거리다가 조용히 손을 들었다. 그러자 여기저기서 손을 드는 아이들이 나타났다.

"여러분은 상준이에게 아주 큰 상처를 주었어요. 상준이는 그 때문에 오늘 결석했고요."

"그냥 장난친 것뿐인데요."

나는 조금 억울했다. 상준이를 때린 것도 아닌데, 무슨 상처를 줬다는 건지 이해되지 않았다.

"손으로 때려야만 폭력이 아니에요. 말로 상처 주는 것도 폭력이랍니다. 여러분은 상준이에게 똥남아라는 혐오 표현을 썼어요. 상준이의 어머니가 동남아시아 사람이라는 이유 하나만으로요. 내가 태어날 곳을 미리 정할 수 있는 사람은 없어요. 나의 엄마, 아빠를 정할 수 없는 것처럼요. 무엇보다 국적은 나의 고유한 정체성이에요. 그런데 동남아시아에서 태어났다고 놀림을 받아도 되는 걸까요? 혐오의 대상이 되어야 할까요?"

선생님 설명에 나는 아무 말도 할 수 없었다. 솔직히 상준이 엄마가 미국이나 영국 사람이었다면 그런 식으로 놀리지 않았을 것 같았으니까. 하지만 혐오한 건 아니었다. 진짜, 단순히 재미로 놀렸을 뿐이다.

"엄마가 동남아시아 사람이라는 이유로 친구를 미워하고 싫어해도 되나요?"

"저희 상준이 안 싫어해요!"

반 아이들이 한목소리로 외쳤다.

"그렇다면 왜 똥남아라는 혐오 표현을 썼나요?"

"혐오한 거 아니에요. 그냥 재미있어서 한 건데……."

내가 작게 중얼거리자 선생님의 표정은 더 어두워졌다.

"그 표현이 정말 좋은 뜻이었나요? 그 말을 듣고 상준이도 즐거워하던가요?"

선생님의 물음에 교실은 찬물을 끼얹은 듯 조용해졌다.

"혐오는 남을 경멸하고 싫어하는 행위예요. 똥남아란 말에는, 동남아시아 사람들은 모두 더럽고 지저분하다는 혐오의 뜻이 담겨 있어요."

그때 유진이가 손을 번쩍 들며 말했다.

"연우는 혐오 표현 잘 써요. 저한테는 쿵쾅이라고 하고 할머니, 할아버지는 '틀딱'이라고 불러요!"

"나, 나만 그런 거 아니야!"

나는 당황해서 벌떡 일어나 소리쳤다.

"진짜예요! 혐오인지 모르고 쓴 거예요. 애들도 다 쓰는 말인걸요? 수찬이랑 도현이도 틀딱이란 말 잘 써요! 형오도 상준이한테 맨날 똥남아라고 놀렸고요!"

나는 억울해서 눈물이 날 것 같았다.

"야! 너희들도 재미있다고 썼잖아!"

내 말에 친구들은 고개만 숙이고 있었다.

재미로 쓴 말인데 내가 상준이와 유진이를 혐오했다니! 대체 그게 왜 혐오라는 걸까?

 **혐오란 무엇일까요?**

"난 너같이 아무것도 모르는 어린애를 혐오해."

누군가 내게 이런 말을 한다면 기분이 어떨까요?

단지 어리다는 이유만으로, 미숙하다는 이유만으로 혐오의 대상이 될 수 있을까요? 내가 어리고 싶어서 어린 것도 아닌데 말이에요.

혐오란 '싫어하고 미워한다'라는 뜻이에요. 한자로는 싫어할 혐(嫌), 미워할 오(惡)를 쓰지요. 흔히 무언가를 매우 싫어할 때 우리는 '혐오한다'라는 표현을 써요. 요즘에는 '극혐'이라는 말로 변형돼 "모기 극혐." "오이 극혐."처럼 싫어하는 정도가 매우 심할 때 사용하고 있어요.

 문제는 극혐이라는 표현이 특정 집단이나 개인을 향해 무분별하게 쓰이고 있다는 거예요. 틀딱(틀니를 착용하는 노인을 비하하는 단어), 맘충(육아하는 여성을 비하하는 단어), 잼민이(어린아이들을 미숙하고 부족한 존재로 표현하는 단어)처럼 집단마다 대표하는 혐오 표현까지 있을 정도니까요. 싫어하는 건 내 마음인데 극혐하는 게 왜 문제가 되냐고요?
 혐오는 단순히 싫어하는 감정의 표현이 아니에요. 혐오는 싫다는 감정을 넘어서, 싫다는 이유로 개인이나 집단을 비하하고 차별하는 행위

까지 포함하고 있어요. 싫다는 감정보다 더 강하고, 위험한 표현이지요. 성격이 맞지 않는 친구를 싫어할 수 있지만, 그 이유로 친구를 비하하고 따돌리는 건 나쁜 행동인 것처럼요. 연우가 상준이를 똥남아라고 부름으로써 상준이는 친구들 사이에서 놀림감이 되었고, 차별의 대상이 되었어요. 사례 속 선생님의 설명처럼 똥남아라는 말에는 가난하고 지저분한 동남아인이라는 편견이 담겨 있거든요. 즉 상대를 동등한 친구로 보지 않고 비하하고 모욕을 준 것과 마찬가지예요. 설사 그럴 의도가 아니었다고 해도 말이에요.

틀딱이란 혐오 표현도 마찬가지예요. 노인을 비하하는 뜻을 내포한 틀딱이란 표현이 사회 전체에 퍼진다면 노인에 대한 인식은 어떻게 바뀔까요? 노인을 나이만 많고 개념 없는, 더 이상 사회에 필요하지 않은 쓸모없는 집단이라고 생각하지 않을까요? 틀딱이란 단어가 주는 메시지는 노인에 대한 이미지를 순식간에 부정적으로 만들어요. 그렇게 되면 사람들은 노인을 피하게 되고, 노인들은 점차 사회에서 고립될 거예요. 젊은 날 사회의 주축 세력으로 열심히 살아온 그들이 단지 노인이라는 이유로 젊은 세대의 비하 대상이 된다면 누구도 혐오를 피할 순 없어요. 왜냐하면 사람은 누구나 늙어 가니까요.

그럼 악의 없이 한 말은 혐오 표현이 아닐까요? "흑인은 운동을 잘해." "여자는 얌전해야지."와 같은 말은 딱히 혐오라고 할 수 없을 것 같은데 말이에요. 듣는 사람이 기준이 되기 때문에 내가 악의 없이 한 말일지라도 그 안에 편견과 차별의 뜻이 담겨 있다면 혐오 표현이에요. 흑인이 농구나 달리기 종목에서 뛰어난 것은 맞으나 모든 스포츠에서 우월한 건 아니에요. 올림픽만 봐도 흑인이 모든 종목에서 메달을 따는 건 아니잖아요. 운동을 잘하는 흑인이 있다면 그건 개인의 능력이지 인종의 특성 때문이 아니에요. 흑인 중에는 운동을 못하는 흑인도 분명히 존재해요. 그런데도 흑인에게만 유독 신체 능력의 우월성을 강조하는 이유는 흑인이 다른 인종에 비해서 지적 능력은 떨어진다는 편견이 있기 때문이에요. 여자는 얌전해야 한다는 말도 여성의 특징을 '여성성'으로만 한

정한 표현으로, 듣는 이의 입장에서는 불쾌할 수 있어요. 활발하고 씩씩한 여성은 여자답지 못하다는 편견을 내포하고 있는 말이니까요. 이때 여성성이란 타고난 것이 아니라 학습된 여성적인 정체성으로, 상냥함, 조용함, 감수성, 수동성 등의 특징을 가져요.

어떤 표현이 특정 집단에 대한 차별이나 모욕감, 폭력을 불러일으킨다면 그 표현은 반드시 제한되어야 해요. 혐오 표현이 그래요. 노인, 여성, 장애인, 성소수자 등 특정 집단에 대한 혐오 표현은 차별과 폭력으로 진화해 그들을 괴롭히고 있어요.

우리는 누구나 성별, 나이, 종교, 인종과 같은 자신만의 고유한 정체성을 갖고 있어요. 대한민국에서 태어난 사람, 베트남에서 태어난 사람, 나이지리아에서 태어난 사람, 호주에서 태어난 사람 등 전 세계 사람들은 자신만의 국적을 갖고 있지요. 또 태어남과 동시에 남자, 여자라는 고유한 성별을 갖고 흑인, 백인, 황인이라는 특정 인종으로 구별돼요. 하지만 좀 더 자세히 들여다보면 남자, 여자 외에도 트렌스젠더나 동성애자 같은 성소수자도 있고, 여러 국적을 가진 복수국적자도 존재해요.

여러분은 여러분의 의지로 대한민국이라는 국적을 선택했나요? 세상에는 우리가 선택할 수 없는 범주가 있어요. 내가 국적을 선택해 한국인이 된 게 아니듯이 성별과 나이, 인종, 장애, 성적 지향 등은 우리의 의지로 선택할 수 없는 것들이에요. 이런 고유한 정체성을 이유로 개인과 집단에 대해 부정적인 편견을 드러내고 혐오 표현을 사용하는 건 옳지 않아요. 예를 들어 노인을 혐오한다는 건 "당신은 늙어서 노인이 되었으니 혐오 받아 마땅해!"라는 뜻이기도 하잖아요. 나이가 혐오의 정당한 이유는 될 수 없어요. 우리에게 어떤 피해를 주었길래, 그들을 혐오하고 차별하나요?

누군가를 싫어하는 것은 내 마음이지만, 싫다는 이유로 비하하고 차별할 권리까지 있는 건 아니에요. 혐오하는 사람들의 목적은 편을 갈라 나와 같은 편이 아닌 사람들의 삶을 고립시키는 거예요. 설사 그들이 의도한 게 아닐지라도요. 약자와 소수자가 존중받지 못하는 사회는 그 누구도 존중받을 수 없어요. 인간은 존재만으로 소중하기 때문이에요.

혐오 표현은 영어로 '헤이트 스피치(Hate Speech)'라고 해요. 번역하면 '혐오 발언', '증오 발언'이라는 뜻이에요. 그저 재미있어서, 친구들이 사용하니까, 생각 없이 따라 쓰는 말들이 누군가에게 상처를 주는 혐오 발언이라면 지금이라도 멈춰야 하지 않을까요?

⭐ 옛날에도 혐오가 있었다고요?

혐오는 비단 오늘날만의 일은 아니에요. 아주 먼 옛날에도 특정 집단에 대한 혐오는 있었어요. 그중 대표적인 사건이 '관동대학살'이에요.

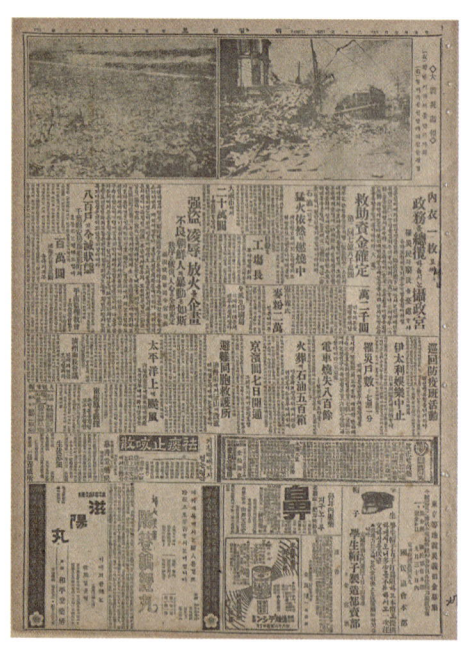

1923년 9월 10일자 〈매일신보〉 신문. 관동 지역에 지진이 나자 조선인들이 폭동을 조장하고 있다는 내용의 가짜 뉴스가 실려 있다.

관동대학살은 일본 관동 지방에서 일어난 조선인 학살 사건이에요. 이 사건으로 무려 약 6천여 명의 조선인들이 목숨을 잃었어요. 당시 일본은 대지진의 여파로 경제적 손실은 물론 막대한 인명 피해를 입었어요. 오랜 전쟁으로 경제마저 좋지 않은 상황에 대지진까지 덮치자 일본인들의 불만은 점점 쌓여 갔어요.

당황한 일본 정부는 혼란을 수습하기 위해 한 가지 묘책을 짜냈어요. "조선인들이 폭동을 일으켰다!" "우물에 독을 넣어 일본인들을 죽이려 한다!"라는 등의 거짓 소문을 조직적으로 퍼트린 거예요. 가짜 뉴스는 순식간에 퍼졌고 일본인들은 분노의 화살을 조선인에게 돌리기 시작했어요. 조선인 때문에 자신들이 이렇게 힘든 거라며 조선인을 폭행하고 지역 주민들이 스스로 자경단까지 조직해 무차별적으로 학살했지요. 6천여 명의 사람들이 목숨을 잃은 건 힘없는 조선인이라는 이유 하나 때문이었어요.

종교 혐오로 일어난 전쟁도 있어요. 1095년에 일어난 십자군 전쟁은 종교 혐오로 시작된 전쟁이에요. 이슬람교도들이 그리스도교 최고의 성지이자 순례지인 예루살렘을 차지하고 있다는 이유로 그리스도교 교인들이 십자군을 창설해 전쟁을 일으켰어요. 당시 기사들은 십자가를 새긴 옷을 입고 전쟁에 참여했지요.

전쟁의 시작은 성지 탈환이 목적이었지만, 사실은 저마다 다른 속셈이 숨어 있었어요. 교황은 동방에 그리스도교를 전파하고자 했고, 영주는 더 많은 땅을 차지하고 싶어 했으며, 상인들은 무역으로 이익을 얻고자 했어요. 이런 욕심 때문에 전쟁은 날이 갈수록 잔인해졌어요. 십자군은 무려 약 200년에 걸친 긴 전쟁을 지속하며 약탈과 살인을 자행했고, 이로 인해 많은 사람이 목숨을 잃었어요.

중세 유럽에서 성행한 '마녀 사냥'에서는 여성 혐오를 엿볼 수 있어요.

기독교의 힘이 강했던 중세 유럽 곳곳에 어느 날부턴가 마녀가 출몰한다는 소문이 돌기 시작했어요. 마녀는 곧 유일신인 그리스도를 위협하는 악마로 여겨졌고, 사회에서 제거해야 할 1순위가 되었어요. 종교 전쟁과 전염병으로 힘든 시기를 보내던 유럽 민중들에게 마녀는 분노를 쏟아 내기 적합한 존재였어요. 그들에게 마녀는 악마였기 때문에 비난하고 핍박해도 도덕적으로 전혀 문제 되지 않았어요.

문제는 마녀로 지목된 사람의 80% 이상이 혼자 사는 여자였다는 거예요. 마녀로 지목된 사람은 온갖 고문을 당하며 자신이 마녀가 아님을 증명해야 했어요. 손발이 묶인 채 물에 빠져 떠오르면 마녀라고 죽임당했고, 떠오르지 못하면 익사해 목숨을 잃었어요. 지금 생각하면 어처구니없는 마녀 판별법이 죄 없는 여성들의 목숨을 앗아 간 거예요.

이처럼 혐오의 역사는 깊고 오래되었어요. 다행히 이러한 경험을 통해 사람들은 혐오가 얼마나 끔찍한 결과를 초래하는지 알게 되었고, 누구도 혐오해서는 안 된다는 깨달음을 얻었어요. '인간'은 그 존재만으로도 존중받아야 한다는 사실을 알게 된 거예요.

역사는 현재를 비추는 거울이에요. 아픈 역사를 다시는 반복하지 않으려면 서로를 이해하고 존중하는 자세를 가져야 해요. 혐오하는 사람을 비난하기보다는, 혐오가 왜 나쁜 행동인지 알려 줘야 해요. 그리고 더불어 사는 사회가 얼마나 중요한지 깨닫도록 도와줘야 해요.

그러기 위해선 나부터 누군가를 혐오하고 있는 건 아닌지 살펴봐야겠지요? 오늘 하루 이유 없이 누군가를 싫어하고 차별하지는 않았는지 곰곰이 생각해 봐요. 새로운 역사의 시작은 반성에서부터 비롯되는 거니까요.

혐오는 누구에게 일어날까요?

혐오는 역사의 사례에서도 알 수 있듯 이주민이나 장애인, 성소수자, 난민, 여성 등 약자와 소수자를 대상으로 이루어져 왔어요. 소수자는 비단 숫자가 적은 집단만을 의미하는 게 아니에요. 사회에 끼치는 영향이 크지 않고, 권력이 약한 사람들도 소수자라고 불러요.

소수자는 사회적 힘도 약하고, 숫자도 적어요. 그러다 보니 '다수'의 권력에 의해 소외되고 차별받는 경우가 많지요. 다수가 모이면 그 힘은 어마어마하게 커져요. 그렇지만 다수의 힘이 강하다고 해서 그들의 의견이 꼭 정답은 아니에요. 사회적 합의가 필요할 때 으레 다수결의 원칙을 따르는 것도, 다수의 의견을 더 존중할 뿐이지 무조건 옳기 때문만은 아니에요.

하지만 대부분 다수의 의견을 정답이라 믿고 소수의 의견은 무시해요. 다수가 가진 힘을 이용해 약자와 소수자를 '틀린' 사람으로 규정하고 사회 구성원으로 인정하지 않으려고 해요. 장애인보다 비장애인이 많다는 이유로, 이주민보다 자국인이 많다는 이유로, 성소수자보다 이성애자(비성소수자)가 많다는 이유로 이들을 향한 혐오를 당연하게 생각해요. 이주 노동자와 난민을 예비 범죄자 취급하거나, 성소수자들을 정신병자라고 치부하며 사회에 악을 끼치는 사람들로 규정해요. 이는 매

우 위험한 생각이에요. 사회에서 이들이 차지하는 비율이 상대적으로 적고, 힘이 약하다고 해도 이들 역시 우리 사회를 이루는 구성원이에요. 소수라고 해도 마땅히 존중받아야 할 소중한 존재들이에요. 다수가 뭉

쳐 상처를 준다면 이 역시 폭력이나 마찬가지예요.

과거에는 왼손으로 글씨를 쓰거나 밥을 먹는 사람들을 이상한 사람으로 치부했어요. 안경 쓴 사람은 '안경잡이'라고 낮잡아 부르기도 했지요.

왼손을 사용하고 안경을 쓰는 일은 부끄러운 행동이자 고쳐야 하는 나쁜 습관이었어요. 왜냐하면 대다수가 오른손을 사용하고 안경을 쓰지 않았기 때문이에요. 지금 생각하면 참 어이없는 일이지만, 과거에는 다수가 하는 일이 곧 '정답'인 경우가 많았어요. 즉 혐오의 대상은 누구나 될 수 있다는 뜻이에요.

요즘에는 어떤가요? 왼손으로 밥을 먹는다고 이상하게 생각하나요? 안경을 쓴다고 놀림받나요? 왼손으로 먹든 양손으로 먹든, 안경을 쓰든 렌즈를 끼든, 요즘에는 그리 개의치 않아요. 왜냐하면 다양성을 인정하는 사회로 발전하고 있기 때문이에요.

현대 사회에서는 누구나 자신의 정체성을 당당하게 드러낼 수 있어요. 과거에는 볼 수 없었던 직업과 취미가 등장하고, 독특한 모양의 옷과 휘황찬란한 머리 색은 그 사람만의 고유한 스타일이 되었어요. 사람들은 손가락질하는 대신, 그들의 개성을 존중하기 시작했어요. 개개인의 특성은 다수에 맞춰 평범하게 바꿔야 하는 것이 아니라, 있는 그대로 존중해야 한다고 믿기 시작한 거예요.

이런 변화는 오랜 시간 음지에서 소외되어 온 소수자들에게도 큰 영향을 끼쳤어요. 집에만 있던 장애인들은 점차 바깥으로 나오기 시작했고, 자신의 정체성을 감추기에 급급했던 성소수자들은 커밍아웃하며 세상과 소통하고 있어요.

물론 아직도 가야 할 길은 멀어요. 인종 차별이 예전보다 나아졌다 하더라도 여전히 인종 범죄는 일어나고 있고, 이주민에 대한 시선은 아직도 차가우니까요. 하지만 소수가 틀린 게 아니라 다르다는 인식이 점차 자리 잡고 있는 것처럼 사회를 둘러싸고 있는 혐오의 시선도 우리의 노력으로 따뜻하게 바뀔 수 있어요.

  다수의 무리에서 혐오하지 말자고 외칠 수 있는 용기, 소수일지라도 숨지 않고 당당하게 나를 드러낼 수 있는 용기만 있다면 언젠가는 혐오라는 단어가 이 세상에서 완전히 사라지지 않을까요?

혐오는 어디에서 일어날까요?

2019년 국가인권위원회는 청소년 500여 명을 대상으로 혐오 표현에 대한 청소년 인식 조사를 실시했어요. 조사 결과 청소년 열 명 중 일곱 명(68.3%)이 온라인 또는 일상생활에서 혐오 표현을 경험한 적이 있고, 그중 82.9%가 유튜브, 게임 등 온라인에서 경험했다고 응답했어요. 특히 페이스북과 같은 SNS를 통해 혐오 표현을 경험했다고 답한 비율이 가장 높았어요. 그다음으로는 학교(57.0%)나 친구(54.8%) 등으로부터 혐오 표현을 경험했다고 응답했어요(복수 응답). 이 결과는 다시 말해, 그만큼 우리의 일상에서 쉽게 접할 수 있다는 뜻이에요. 그러니 평소 혐오를 제대로 알아야 무의식 중에 학습해서 사용하는 일이 없겠지요?

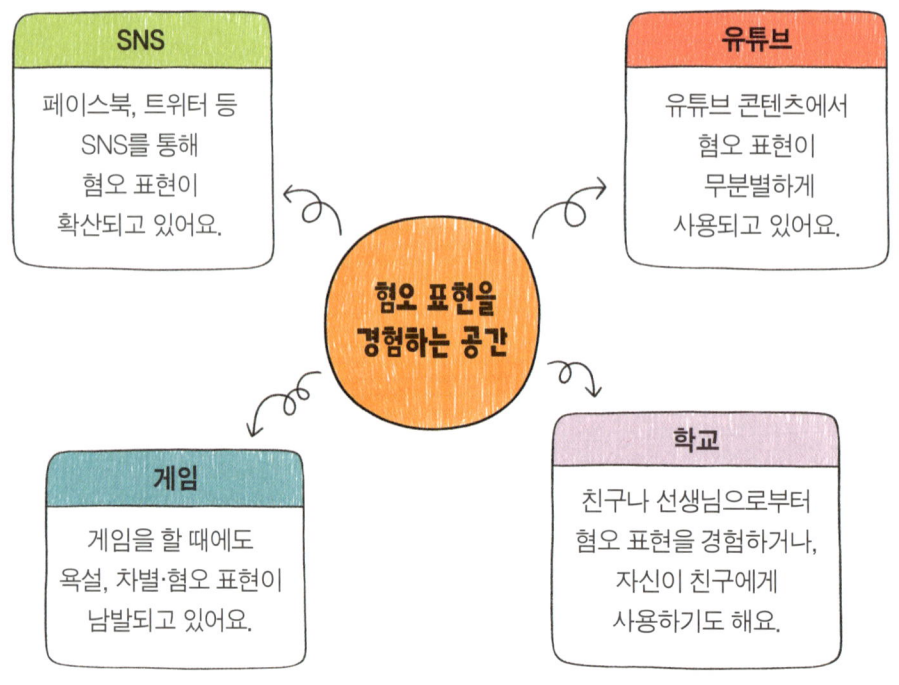

❋ 혐오 표현을 하는 이유가 뭐예요?

53.9% 재미로, 농담으로

57.5% 남들도 하니까 따라서

60.9% 그 표현이 맞다고 생각해서

(2019년 국가인권위원회 조사 결과. 복수 응답)

❋ 혐오 표현을 하면 어떤 일이 일어날까요?

| 사회 갈등이 심해져요. | 차별이 심해져요. | 범죄로 이어져요. |

조사 결과에서 알 수 있듯이 혐오는 우리 일상에서 무분별하게 이루어지고 있어요. 특히 온라인은 전파 속도가 매우 빠르고 실시간으로 이루어지기 때문에 그에 따른 파급력도 무척 커요. 건강하고 긍정적인 사고를 정립해야 할 청소년 시기에 온갖 혐오 표현을 반복적으로 경험한다면, 과연 올바른 가치관을 형성할 수 있을까요?

친구가 게임이나 SNS에서 혐오 표현을 사용한다면 동조하지 말고 잘못된 행동임을 알려 주세요. 혐오 표현을 쓰는 건 폭력이자 부끄러운 일이라고 말이에요.

혐오의 시작은 편견이에요

너 엘사였어?

"혜윤아, 오늘 우리 집에 가서 놀자. 할머니가 피자 시켜 주신대."
수업이 끝난 뒤 가방을 정리하고 있는데 지율이가 말을 걸었다.
"오, 오늘 안 되는데."
"진짜? 아쉽다. 그럼 내일은?"
지율이가 눈을 반짝이며 물었다.
나는 우물쭈물하다 괜히 주변을 힐끔 쳐다보았다. 다른 아이들의 눈치가 보였기 때문이다.
"내일도 안 될 것 같아. 미, 미안!"
나는 지율이를 뒤로 하고 후다닥 교실을 나왔다.
학교에서 지율이를 좋아하는 친구들은 거의 없다. 공부를 못하는 것도, 성격이 나쁜 것도 아닌데 친구들은 지율이를 싫어했다. 부모님이 없

다는 게 이유였다.

"부모님이 없는 게 왜?"

언젠가 내가 이렇게 물었을 때 유주는 팔짱을 낀 채 진지한 표정으로 말했다.

"부모님이 없으니까 문제만 일으키잖아. 며칠 전에도 누가 마트에서 젤리 훔치는 거 봤대."

"진짜? 누가?"

"그건 몰라. 암튼 수진이 연필도 지율이가 훔쳐 갔을 거야! 걔 말고 또 누가 있어."

나는 유주의 말을 믿지 않았지만, 소문은 정말 빠르게 퍼져 갔다. 지율이는 부모님이 없다는 이유로 문제아 취급을 받았고, 자연스레 지율이를 피하기 시작했다.

하지만 지율이는 전혀 그런 아이가 아니었다. 부모님이 안 계신 건 맞지만, 대신 할머니와 행복하게 잘 지내고 있었다. 누구에게 함부로 욕을 하거나 나쁜 말을 한 적도 없다. 오히려 너무 착해서 탈이었다. 친구들이 쌀쌀맞게 대하는 걸 알면서도 험담 한 번 한 적 없었다.

이런 내 고민을 들은 엄마도 친구들과 비슷한 이야기를 한 적이 있다.

"지율이가 아무리 착실해도, 사람들은 겉으로 드러나는 조건만 보고 편견을 갖기 쉽단다. 너라도 편견 없이 대해 주렴."

아무리 생각해도 이해가 되지 않았다. 부모님이 안 계시는 게 그렇게 큰 문제인 걸까? 부모님 대신 자상한 할머니와 행복하게 살고 있는데 왜 모두 지율이가 문제를 일으킬 거라고 단정 짓는 걸까?

"지율이가 할머니랑 살고 싶어서 그런 것도 아닌데……."

아무도 지율이의 진짜 모습을 보려고 하지 않는 것 같아서 슬펐다. 하지만 더 슬펐던 건, 나 역시 지율이를 멀리하고 있다는 점이었다. 친구들 사이에서 나까지 이상한 아이로 소문이 날까 봐, 그래서 나랑 아무도 놀아 주지 않을까 봐 지율이를 피하고 있었던 거다.

'소문이 더 퍼지기 전에 애들한테 말할까? 지율이는 절대 그런 애가 아니라고…….'

하지만 용기가 나지 않았다. 내일도 지율이가 놀자고 할 텐데 뭐라고 거절해야 할지 고민만 될 뿐이었다.

다음 날 아침, 교실에 들어가자 유주가 큰 소리로 내 이름을 부르며 다가왔다.

"김혜윤! 너 혹시 '숲속 마을 아파트'에 살아?"

"응. 왜?"

"헉. 너 '엘사'였어?"

내 말에 유주가 놀란 표정을 지었다.

"엘사가 뭐야? 겨울 왕국 엘사?"

"임대 아파트 사는 애들을 엘사라고 부르잖아. 몰랐어?"

유주 옆에 있던 다현이가 얄밉게 끼어들었다.

"혜윤이 엘사래."

"지율이랑 놀 때부터 이상하더라."

"끼리끼리 친구였네."

뒤에서 수군대는 친구들의 목소리가 또렷이 들려왔다.

"우리 아빠가 임대 아파트 사는 애들이랑 놀지 말랬는데."

"우리 엄마도 거기 사는 애들은 다 가난하다고 놀지 말랬어."

나는 당황해서 아무런 말도 할 수 없었다. 너무 창피해서 금방이라도 울음이 터질 것 같았다.

"야! 임대 아파트 사는 게 뭐 어때서?"

그때였다. 지율이가 벌떡 일어선 건.

"임대 아파트 산다고 다 가난하대? 너희가 봤어?"

"보, 본 건 아니지만 대부분 그렇댔어."

"본 것도 아니면서 왜 단정 지어? 우리 할머니가 그러는데 그거 다 편견이랬어! 임대 아파트는 가난해서 사는 게 아니라 집값이 너무 비싸니까 국가에서 국민에게 저렴하게 집을 제공한 거래. 잘 알지도 못하면서 왜 함부로 말해? 지율이가 돈 없어서 너희한테 간식을 얻어먹었니, 학용품을 사 달랬니?"

"그, 그냥 그렇다는 거지. 뭘 그렇게 화를 내냐?"

유주가 당황한 듯 얼버무리자, 지율이의 목소리는 한층 더 커졌다.

"얼른 혜윤이한테 사과해. 앞으로 혜윤이한테 엘사라고 부르는 사람

있으면 그땐 선생님께 말씀 드릴 거야."

교실은 팽팽한 긴장감으로 가득 찼다.

"아, 알았어! 미안해."

유주가 먼저 사과하자 뒤이어 다른 친구들도 내게 사과하기 시작했다.

"미안해, 혜윤아."

"나도 미안해."

나는 눈물이 나오려는 걸 꾹 참았다.

"괜찮아?"

지율이가 내 얼굴을 보며 말했다.

"지율아……."

나는 지율이에게 안겨 참고 있던 울음을 터트렸다.

"미안해……. 그리고 고마워."

지율이는 내 마음을 다 안다는 듯 나를 꼭 껴안아 주었다.

⭐ 편견이 뭐예요?

영국에 사는 열한 살 남자아이 빌리는 발레를 배우고 있습니다. 멋진 발레리노가 되는 게 꿈이거든요. 하지만 아버지의 반대가 심해 요즘 고민이 많답니다. 왜 반대하냐고요? 남자가 발레를 한다는 건 있을 수 없는 일이니까요. 남자는 권투나 야구 같은 활동적인 운동을 해야지, 여자처럼 발레를 하는 건 너무나 창피한 일이잖아요.

　남자가 발레 하는 게 왜 창피하냐고요? 생각해 봐요. 쫄쫄이 타이츠를 입고 우아한 몸짓으로 춤추는 게 영 이상하지 않나요? 여자가 하면 예쁜데 남자는 아무리 봐도 민망하단 말이에요. 네? 이렇게 생각하는 게 더 이상하다고요? 뭐가 이상하죠? 발레는 여자가 하는 게 맞잖아요. 남자가 어떻게 발레 할 생각을 하나요. 창피하게.

〈빌리 엘리어트〉의 영화 포스터

　제가 너무 편견을 갖고 있다고요? 음, 맞아요. 사실 이 이야기는 영화 〈빌리 엘리어트〉에 나오는 소년 빌리에 관한 이야기랍니다. 영화의 배경은 1984년으로, 당시 사회에서는 발레를 여자들의 춤이라고 여겼어요. 남자는 과격한 스포츠를, 여자는 섬세한 무용을 하는 게 옳다고 생각했지요. 지금으로서는 이해할 수 없는 생각이지만 당시로서는 이런 편견이 당연했어요. 그래서 발레를 배우겠다는 빌리를 아버지마저 이해하지 못했던 것이지요. 물론 빌리는 그런 편견을 깨고 멋진 발레리노가 된답니다.

편견이란 남자는 파랑, 여자는 분홍이라는 공식처럼 한쪽으로 치우친 생각을 말해요. 공정하지 못하고 무조건 치우쳐 생각하는 것을 뜻하지요. '키 큰 사람은 농구를 잘할 거야.' '여자는 요리를 잘해.'처럼 우리는 무의식 중에 편견을 갖게 돼요.

생각이 한쪽으로 치우친 게 왜 나쁘냐고요? 대부분 좋은 쪽이 아닌, 나쁜 쪽으로 치우치기 때문이에요. 객관적인 증거도 없고 실제 경험한 적도 없는데 말이지요.

'부모님이 안 계신 친구들이 더 훌륭하게 클 수도 있잖아?'보다는 '부모님 안 계신 친구들 중에는 문제아가 많아.'라고 단정 짓는 것이지요. 친구들이 임대 아파트에 사는 혜윤이를 엘사라고 부르며 혐오한 것도, 그곳에 사는 사람들은 가난해서 제대로 된 교육을 받지 못하기 때문에 문제아들이 많을 거란 편견에서 비롯된 거예요.

실제로 임대 아파트가 들어서면 집값이 내려간다는 이유로 주변 아파트 주민들의 반대가 심하다고 해요. 아파트가 들어선 경우에는 임대 아파트 주변을 담벼락으로 막거나 고급 아파트와 색을 다르게 해서 차별하기도 하고, 임대 아파트에 사는 아이들이 고급 아파트 놀이터에서 놀지 못하도록 경고문을 붙이기도 해요. 임대 아파트에 산다는 이유로 이러한 차별을 받아야 할까요? 집값이 얼마냐에 따라서 '나'에 대한 가치가 결정되는 건 아닌데 말이에요.

편견에 사로잡히면 다양한 시선으로 사회를 바라보지 못해요. 한쪽으로 치우쳐서, 반대쪽에 선 사람들을 혐오하고 차별하게 되지요. 혐오가 쌓이면 편견으로 굳어지고, 그 편견이 또 다른 혐오를 만들어요. 임대 아파트에 세워진 담벼락은 그냥 담벼락이 아니에요. 편견이란 벽돌로 쌓아 올린 혐오의 담벼락이에요. 담벼락을 내버려 두면 어떻게 될까요? 그 안에 사는 사람들은 담벼락에 갇혀 사회로부터 영원히 고립되지 않을까요?

과거부터 지금까지 편견과 맞서 싸운 사람들이 있었기에 사회는 꾸준히 발전해 올 수 있었어요. 남자 헤어디자이너, 남자 간호사, 여자 소방관, 여자 목수가 지금은 전혀 이상하지 않은 것처럼요. 열한 살 소년 빌리가 편견에 굴복했다면, 빌리의 아버지가 편견을 극복하지 못하고 빌리를 외면했다면 빌리는 멋진 발레리노가 되지 못했을 거예요.

편견으로 혐오가 만들어진다고요?

<세서미 스트리트>는 방영된 지 50년이 넘은 미국의 인기 어린이 프로그램이에요. 쿠키 몬스터, 엘모, 커밋 등 색색의 다양한 인형들이 등장하는 것으로 유명하지요. 하지만 이 프로그램이 유명한 이유는 따로 있어요. 여러 나라와 인종, 문화를 가진 캐릭터를 등장시켜 미국 사회에 만연한 차별을 꾸준하게 다룬다는 점이에요. 게다가 2021년에는 한국계 캐릭터 '지영'이 등장해

전 세계를 깜짝 놀라게 했어요. 미국의 최장수 어린이 프로그램에 아시아계 캐릭터가 최초로 등장한 것이었지요.

<세서미 스트리트>가 한국계 캐릭터를 등장시킨 이유는 미국 내 아시아인에 대한 편견을 없애기 위해서였어요. 미국에서 아시아계를 대상으로 한 혐오 범죄가 증가하자 아시아인에 대한 편견을 개선하고 문화의 다양성을 이해하도록 한국계 캐릭터인 지영을 등장시킨 거예요. 당차고 똑똑한 지영을 통해 아시아와 한국의 문화를 이해하고, 생김새는 달라도 그들 역시 내 이웃이자 친구라는 사실을 자연스럽게 받아들이게

한 것이지요.

　서양에서는 아시아 사람들을 한국, 중국, 일본처럼 개별 국가로 인식하기보다 아시아인이라고 하나로 뭉뚱그려 생각하는 경우가 많다고 해요. 심지어 모두 같은 언어를 사용한다고 오해하기도 하고요. 전 세계에 코로나 바이러스가 퍼졌을 때에도 서양인들은 특정 국가가 아닌 아시아 전체에 대해 분노를 표출하기도 했지요. 아시아인은 모두 '미개하고 더럽다'라는 편견이 아시아인에 대한 혐오로 이어져서 국적과 상관없이 공격의 대상이 된 거예요.

　그럼 편견을 없애면 되지 않냐고요? 지우개로 쓱쓱 지우듯이 사람들 머릿속에 있는 편견도 깨끗하게 지울 수 있으면 좋겠지만 그건 참 어려운 일이에요. 이미 우리의 일상 속에서 자연스럽게 편견이 학습되었기 때문이에요. 아무리 노력해도 오랜 시간 굳어진 나쁜 습관을 쉽게 버리지 못하는 것처럼, 편견 역시 쉽게 고칠 수 없어요.

　특히 대중 매체는 편견이 광범위하게 확산하는 데 큰 영향을 끼쳐요. 조금씩 개선되고 있다지만 여전히 영화나 드라마 속 아시아인은 후진국에서 온 열등하고 미개한 민족으로 묘사되고, 백인은 똑똑하고 이성적이며 지구를 구하는 영웅의 모습으로 등장하는 경우가 대부분이에요. 대중 매체 속에서 그려지는 아시아계에 대한 편견은 부정적 인식을 심어 주기 충분해요. 부정적 이미지를 반복적으로 접하다 보면 그게 진실인 듯 받아들이게 되고, 이는 결국 아시아인에 대한 혐오와 차별로 이

어지는 거예요.

 하지만 비단 외국만의 일은 아니에요. 우리나라의 드라마나 영화만 봐도 대다수 아시아 이주민은 대학도 나오지 못한 가난한 노동자로 등장해요. 우리나라에 돈을 벌러 온 그들은 모두 가난하고 배움이 짧을 것이라는 편견이 담겨 있는 거지요.

 우리가 다른 나라에 당하는 혐오는 불쾌하고, 우리가 하는 혐오는 당연한 걸까요? 우리가 먼저 혐오를 멈춰야 우리를 혐오하는 무리를 향해 당당하게 저항할 수 있지 않을까요?

 〈세서미 스트리트〉의 지영은 어린이들이 갖는 아시아인에 대한 편견을 개선하는 것은 물론 한국이라는 나라를 알리는 계기가 되고 있어요. 검은색 머리에 한국말을 하고 떡볶이를 좋아하며 '아리랑'을 부르는 여자아이. 아시아 여자는 조용하고 얌전하다는 편견을 없애기 위해 큰 목소리로 씩씩하게 인종 차별에 대항하는 아이.

이 작은 아이가 전 세계 어린이들 마음속에 편견이라는 그림자를 없앨 수 있도록 우리가 한마음으로 응원하는 건 어떨까요?

⭐ 혐오하면 인권이 침해된다고요?

누구나 하나씩은 싫어하는 음식이 있을 거예요. 피클을 싫어해서 햄버거 속 피클을 다 빼고 먹는다거나 생선을 싫어해서 입도 대지 않는 것처럼요. 더운 여름을 싫어할 수 있고, 추운 겨울을 싫어할 수도 있듯이 개인의 감정은 자유이기 때문에 얼마든지 좋고 싫음을 표현할 수 있어요.

하지만 인간은 개인의 기호에 따라 판단할 수 없어요. 뚱뚱하다는 이유로, 촌스럽다는 이유로 싫어하고 미워할 수 없어요. 왜냐하면 인간은 그 자체로 존엄하거든요. 인간이라는 이유 하나만으로 존중받을 가치가 있는 것이지요. 이를 '인간 존엄성'이라고 해요. 인간이 그 자체로 존엄한 이유는 다른 무엇과도 대체할 수 없기 때문이에요. '나'를 대체할 수 있는 또 다른 존재가 있을까요? 공책이 찢어졌다고 해서 우리는 슬퍼하지 않아요. 왜냐하면 공책은 또 살 수 있거든요. 게다가 공책이 존재하는 가장 큰 이유는 필기하기 위해서예요. 필기하지 않는다면 공책이 존재할 이유는 없어요. 그렇기 때문에 누구도 공책 그 자체를 존엄하다고 생각하지는 않아요.

하지만 인간은 어떤 수단으로 존재하지 않아요. 즉 어떤 곳에 쓰이기 위해서 태어난 게 아니에요. 인간은 태어난 자체가 목적이자 존재하는 이유예요. 그 자체로 소중하고 존엄한 존재이지요. 그렇기 때문에 인간은 좋고 싫음으로 판단할 수 없어요.

피클을 싫어하는 것처럼 개인의 호불호에 따라 인간의 가치가 달라진다면 인간의 존엄성은 파괴되고 말 거예요.

이런 이유로 사람들은 인간의 존엄한 권리를 법으로 명시해 보호해야 한다고 생각했어요. 인간의 존엄성을 지키기 위한 튼튼한 울타리가 필요하다고 판단한 것이지요. 그것이 바로 '인권'이에요.

인권은 '사람의 권리'라는 뜻이에요. 사람은 누구나 자유와 평등, 안전한 삶과 같은 기본적인 권리를 갖고 태어나요. 태어남과 동시에 가지게 되는 권리로, 개인이나 국가가 주는 게 아니라 하늘이 주는 신성한 권리이기 때문에 '천부인권(天賦人權)'이라고 불러요. 그래서 부모라고 할지라도 아이의 자유를 침해하거나 차별해서는 안 돼요. 그러지 못하도록 하늘이 인권을 부여한 거니까요.

하지만 혐오는 이러한 기본권을 모두 무시해요. 인종, 성, 국적은 물론, 오늘날에는 재산 역시 혐오의 이유가 되고 있어요. 요즘에는 꼬박꼬

박 학교에 나와 개근상을 받는 친구를 '개근 거지'라고 부른다고 해요. 어려운 형편으로 여행을 못 가서 개근을 했다며 비아냥대는 것이지요. 참 놀랍지 않나요?

옛날 사람들은 인권의 중요성을 알지 못했어요. 백인들은 피부색이 다르다는 이유로 흑인을 노예로 부리며 온갖 노동을 시켰고 물건처럼 사고팔았어요. 미국에서는 필리핀 원시 부족 사람들을 동물원 우리에 몰아넣고 전시하기도 했어요. 그들에게 유색 인종은 진화가 덜 된 미개한 존재로 신기한 구경거리였어요. 거인이나 난쟁이, 희귀병을 앓는 장애인을 서커스에 등장시켜 돈을 버는 것 역시 이상한 일이 아니었어요.

보호받아야 할 어린이들마저 인권 유린의 대상이 되었어요. 산업 혁명이 한창이던 18세기 후반 영국에서는 어린이들이 하루 12시간 이상 장기 노동에 시달려 사회적 문제가 되기도 했어요. 어른보다 노동력이 싸다는 이유로 낮은 임금을 받으며 기계처럼 일만 하는 바람에 병에 걸려 죽는 아이들이 셀 수 없이 많았어요. 이 모든 게 인권의 개념을 알지 못해 생긴 비극이었어요.

1939년 발발한 제2차 세계 대전은 인권이 파괴된 최악의 전쟁으로 기록되고 있어요. 유럽을 비롯한 여러 나라들가 폐허가 되었고 약 5천만 명이 넘는 사람이 목숨을 잃었어요. 어린 학생들도 전쟁터에 끌려갔고, 여자들은 성노예로 핍박받았어요. 미래를 꽃피우지도 못한 채 젊은이들이 총과 칼에 목숨을 빼앗겼어요. 사람들은 전쟁으로 인해 인간의 존

성이 처참하게 짓밟히는 것을 목격하고 큰 충격을 받았어요. 그리고 인권은 반드시 보호해야 할 소중한 권리임을 깨달았어요.

세계 인권 선언

전쟁이 끝난 후인 1948년, 국제연합(UN)은 인권 침해를 반성하고, 인간의 기본적인 권리를 존중하겠다는 뜻으로 '세계 인권 선언'을 발표했어요. '모든 사람은 태어날 때부터 존엄하고 평등할 권리를 가진다, 인권이 존중되어야 세계 평화가 유지된다'는 내용의 선언문이었어요. 피부색, 종교, 정치적 신념, 민족 등 모든 유형의 차별을 금지한다고 했어요. 인종과 종교가 다르다는 이유로 인권이 침해되는 일이 역사적으로도 많았기 때문이에요. 사람들은 이를 잊지 않기 위해 12월 10일을 '세계 인권의 날'로 정해 기념하고 있어요.

　인간은 음식이나 계절, 음악, 영화처럼 기호로 판별할 수 없어요. 인간은 그냥 인간이에요. 그 자체만으로도 존중받아야 할 가치 있는 존재예요. 있는 그대로 내 이웃을, 내 친구를 바라봐 주세요. 그럼 누군가도 나를 있는 그대로 바라봐 줄 테니까요. 그게 인권의 시작이에요.

혐오 표현, 알고도 쓸 건가요?

혐오 표현에 무조건 자극적인 것만 있는 건 아니에요. 듣기에 재미있는 표현도 있고, 칭찬처럼 들리는 표현도 있어요. 그렇다면 우리가 알지 못했던 혐오 표현에는 어떤 것들이 있을까요?

~린이 (어린이)
요리를 처음 배우는 사람에게 '~린이'를 붙여 '요린이'라고 부르거나 주식을 처음 하는 사람을 '주린이'라고 부르는데, 이는 어린이를 독립적인 인격체로 보지 않고 미숙하고 불완전한 존재로 보며 비하하는 말이에요.

흑형
운동과 음악 등 재능 있는 흑인을 '형'이라는 친근하게 부르는 말이지만, 검다는 뜻의 '흑'을 붙여 부르기 때문에 인종 차별을 내포하는 말이에요. 백인은 백형이라고 부르지 않으면서 흑인에게만 피부색을 강조하는 '흑'자를 붙일 필요가 있을까요?

장애인은 불쌍하다
장애인을 동정하는 것 자체가 장애인을 열등하고 부족한 존재로 인식하는 거예요. 안경을 썼다는 이유로 혹은 키가 작다는 이유로 사람들이 나를 불쌍하게 본다면 어떤 기분이 들까요? 장애인도 우리와 동등한 입장으로 바라봐야 해요.

여성스럽다
듣기에는 칭찬 같지만 '여성스럽다'라는 말 안에 여자는 모름지기 얌전하고 예쁘기만 해야 한다는 편견이 깔려 있어요. 여자라는 성별로 상대방을 판단하기보다는 남녀 동등한 시각으로 판단하는 게 좋겠지요?

❋ 언론의 역할도 중요해요!

NEWS

언론은 더 조심스럽게 혐오 표현을 다루어야 해요. 기사를 접하는 국민에게 부정적인 시각을 심어 줄 수 있거든요. 교통사고를 낸 여자 운전자를 '운전 미숙으로 사고 낸 김 여사'라고 보도한다면 사람들은 어떤 생각을 하게 될까요? 자기도 모르게 여자는 운전을 못 한다는 편견을 갖게 될 거예요. 언론이 앞장서서 혐오 표현을 지양하고 편견에 맞선다면, 우리 사회가 좀 더 긍정적인 방향으로 나아가지 않을까요?

혐오는 차별을 만들어요

우리 아빠는 장애인이에요

내일은 어린이날이에요. 장우는 부모님과 놀이동산에 가고, 수지는 영화를 보러 극장에 간대요. 나도 작년에는 놀이동산에 갔어요. 하지만 이번 어린이날에는 아무 곳에도 가지 않아요. 아니 갈 수 없어요. 왜냐하면 아빠가 다쳤거든요.

아빠는 작년에 교통사고를 당했어요. 늦은 밤, 횡단보도를 건너는데 음주 운전을 한 차가 순식간에 들이박았다고 해요. 피할 사이도 없이 아빠는 도로에 쓰러졌고, 곧장 병원 응급실로 이송되었대요. 나는 집에서 자던 중이라 당시 상황이 잘 기억나지 않아요. 눈을 떴을 때 할머니가 나를 측은한 눈빛으로 바라보고 있었던 것만 어렴풋이 기억날 뿐이에요.

아빠는 꽤 오랫동안 병원에 있었어요. 그때까지만 해도 열 밤만 자면 아빠가 원래 모습대로 퇴원할 거라고 믿었어요. 하지만 내 생각과는 달

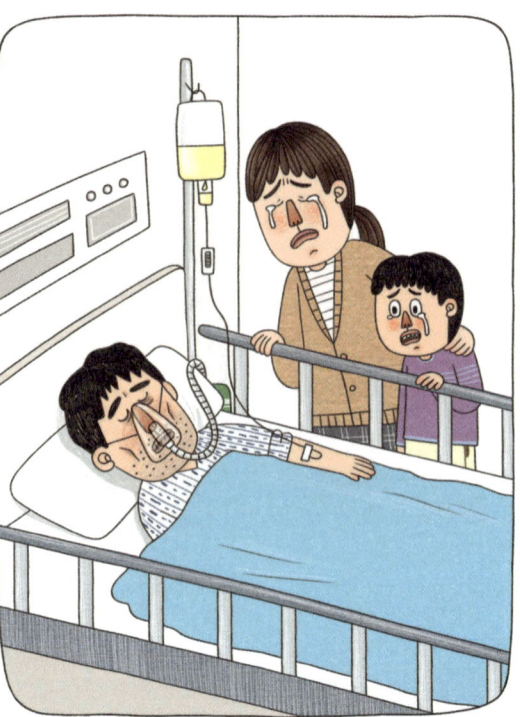

리 아빠의 모습은 많이 변해 있었어요. 오른쪽 다리는 한 마디가 없었고 하얀 붕대를 칭칭 감고 있었어요. 걸을 수 없어서 앞으로 평생 휠체어를 타야 한대요.

"서준아, 아빠한테 와."

아빠는 빙긋 웃으며 팔을 활짝 펼쳤어요. 하지만 나는 아빠의 모습이 낯설어서 살짝 뒷걸음질 쳤어요.

가장 힘든 건 아빠였을 텐데, 나도 모르게 겁이 났나 봐요. 꼭 우리 아빠가 아닌 것 같아서, 예전에 나랑 같이 축구 하던 아빠가 아닌 것 같아서 나는 엄마 옷자락을 붙잡고 울음을 터트리고 말았어요.

"서준아, 아빠는 사고를 당하신 거야. 사고는 누구에게나 일어날 수 있어. 서준이랑 엄마가 아빠를 도와드리면, 아빠는 더 건강해지실 거야. 엄마 도와서 잘 할 수 있지?"

엄마의 말을 들으니 조금 안심이 되었어요.

나는 그날 이후 자기 전에 밤하늘을 보며 소원을 빌었어요.

"우리 아빠가 다시 걸을 수 있게 해 주세요. 예전처럼 운동장에서 축구도 하고, 등산도 가고, 마트에 장도 보러 갈 수 있게 해 주세요. 제 기도 꼭 들어주실 거죠?"

소원을 빌면 마음이 편해졌어요. 언젠가는 마술처럼 짜잔, 소원이 이루어질 것만 같았거든요.

아빠는 재활 운동도, 휠체어 타는 연습도 열심히 했어요. 하지만 내 소원대로 벌떡 일어나 걷지는 못했어요. 의학이 엄청나게 발전했다고 하던데, 우리 아빠 다리는 예전처럼 고칠 수 없나 봐요. 휠체어가 아니면 밖에 나갈 수 없었으니까요.

아빠는 회사의 배려로 몇 달간 집에서 일하다가 다시 출근하게 되었어요. 다시 예전처럼 일할 아빠를 보니 나도 힘이 나는 것 같았지요. 그런데 다음 날 아침, 출근 시간이 훨씬 지났는데도 아빠가 집에 있는 게 아니겠어요?

"아빠, 왜 출근 안 하셨어요?"

아빠의 표정은 매우 어두웠어요.

"휠체어 때문인지 택시가 안 잡히는구나."

"우리 차 타고 가면 되잖아요!"

이렇게 말하자마자 나는 아차 싶었어요. 아빠는 한쪽 다리가 없어 차에 오르거나 내리기도 힘들고, 운전하기도 어려운데 그새 그걸 잊었지 뭐예요.

"엄마도 출근해야 하는데, 아빠를 매번 태워 줄 순 없잖니."

아빠가 한숨을 푹 쉬며 말했어요.

"그럼 버스나 지하철은요?"

"아빠가 타야 하는 버스는 계단이 있어서 휠체어가 올라갈 수 없어. 우리 동네 지하철역은 엘리베이터가 있어서 휠체어로도 갈 수 있지만, 내리는 역에는 엘리베이터가 역 안에만 있어서 바깥으로 나가려면 계단으로 가야 한단다."

회사에 사정을 얘기하고 아빠는 다시 재택근무를 하게 되었지만, 계속 민폐를 끼칠 수 없다며 걱정했어요.

"저상 버스가 더 많으면 좋을 텐데 말이에요."

엄마도 걱정스러운 표정으로 말했어요.

저상 버스는 장애인이나 노약자들이 편하게 버스에 오르내릴 수 있도록 만든 버스래요. 계단의 높이도 낮고, 뒷문에는 휠체어나 유아차를 밀며 내릴 수 있게 경사판도 달려 있대요. 하지만 아직은 계단이 높은 고상 버스가 더 많은가 봐요.

"그러면 뭐해요. 바쁜 출퇴근 시간에 휠체어를 탄 장애인을 기다려 주는 사람들이 그리 많지 않은걸."

어두운 아빠의 표정을 보자 내 마음도 좋지 않았어요.

그날 밤, 나는 소원을 비는 대신 편지 한 통을 썼어요. 남들에게는 쉬운 일이지만 우리 아빠에게는 너무 어려운 일, 그분이라면 꼭 들어주지 않을까요?

대통령님께!

안녕하세요. 대통령님! 저는 열한 살 강서준이라고 합니다.

대통령님께 부탁드리고 싶은 일이 있어요. 저희 아빠는 지체 장애인입니다. 교통사고로 다리를 크게 다치셨거든요. 그래서 휠체어가 없으면 이동할 수가 없어요.

그런데 얼마 전 아빠의 표정이 무척 어두우셨어요. 오랜만에 회사에 출근하려는데, 휠체어 때문인지 택시가 하나도 잡히지 않았대요. 장애인을 위한 콜택시는 아빠보다 장애가 심하신 분들만 사용할 수 있고, 있다 하더라도 예약하기가 정말 어렵다고 해요. 버스는 계단 때문에 이용할 수 없대요. 저상 버스가 있지만 아빠 회사로 가는 버스는 전부 계단이 있는 버스라서 소용이 없고요. 지하철이 그나마 편한데 모든 역에 엘리베이터가 있는 게 아니라서 남의 도움 없이는 역 밖으로 나가기가 어렵대요.

대통령님! 사실 저는 아빠가 다치시기 전에는 장애인의 불편에 대해 생각해 본 적이 없어요. 어디 가고 싶으면 쉽게 버스와 지하철을 탈 수 있으니까요. 버스에 계단이 높다는 것도, 엘리베이터가 없는 지하철역이 많다는 것도 알지 못했어요.

저희 아빠도 막상 걸을 수 없게 되니 비장애인이었을 때 누렸던 평범한 일들이 무척 어렵게 느껴지신대요. 남들은 대중교통을 이용해서 어디든 갈 수 있는데, 아빠는 한 시간 거리의 회사조차도 갈 수 없으니 얼마나 속상하실까요?

얼마 전 학교에서 평등에 대해 배웠어요. 누구나 동등한 대우를 받는 게 평등이래요. 모든 국민에게는 평등할 권리가 있다는데, 장애인은 그렇지 못한 것 같아요. 정말 평등하다면 장애인이 편하게 이동할 수 있는 제도가 마련되어야 하는 거 아닐까요? 비장애인과 똑같이 대중교통을 타고 어디든 갈 수 있는 게 평등 아닐까요?

작년에는 아빠랑 놀이동산에 갔었어요. 올해는 갈 수 없지만, 내년에는 아빠와 지하철을 타고 놀이동산에 가고 싶어요. 버스 타고 체육관에도 가고 싶고요. 언젠가 그렇게 될 수 있겠죠? 우리나라 국민이 차별받지 않고 모두 평등한 권리를 누릴 수 있게 꼭꼭 도와주세요.

대통령님! 제 편지 읽어 주셔서 감사합니다.

강서준 올림

⭐ 차별이 뭐예요?

지금부터 가상의 학교를 만들어 볼 거예요. 학교 이름은 '별별 학교'라고 부를게요.

별별 학교는 여느 학교처럼 선생님과 학생이 즐겁게 수업하고, 맛있는 급식도 먹고, 운동장에서 운동도 한답니다. 하지만 가만히 들여다보면 뭔가 조금 다른 점을 알 수 있어요. 그게 뭐냐고요?

별별 학교는 정규 수업이 끝나면 성적이 좋은 친구들만 따로 모아 한 시간씩 특별 수업을 해요. 우수한 성적순대로 상품도 주지요. 성적이 좋지 않은 친구들은 특별 수업에서 제외되고, 상품도 받지 못해요.

학생들이 가장 좋아하는 점심시간도 다른 곳과 조금 달라요. 남학생들이 먼저 밥을 받거든요. 급식 조리사는 남학생들의 식판에 밥과 반찬을 꾹꾹 눌러 담고, 국도 넘칠 만큼 퍼 줘요. 남학생들이 넉넉하게 밥을 받아 가면 그제야 여학생들 차례예요. 여학생들은 남학생들에 비해 적은 양과 반찬, 국을 받아요. 남학생보다 덩치가 작으니, 양도 많을 필요가 없다는 것이지요.

체육 시간에는 달리기와 축구를 하는데, 모두 나가지는 못해요. 몸무게가 많이 나가는 친구들은 교실에 남아야 해요. 뚱뚱하면 잘 달리지도 못할뿐더러 몸도 둔해서 다른 친구들에게 불편을 줄 수 있대요.

여러분은 별별 학교가 어떻게 보이나요? 평등하게 학생들을 대하고

나도 운동하고 싶다...

있다고 생각하나요? 아마 그렇지 않을 거예요. 내가 성적이 낮은 학생이라면, 내가 여학생이라면, 내가 살이 찐 학생이라면 위와 같은 차별을 고스란히 당해야 하니까요.

차별은 등급이나 수준의 차이를 두어서 구별한다는 뜻이에요. 인간을 동등한 시각으로 보지 않고 급을 매겨 여러 층으로 구분하는 것이지요. 성적에 따라 차별하거나 외모에 등급을 매겨 다르게 대하는 것처럼요.

인간은 저마다 달라요. 다름은 나쁘거나 잘못된 게 아니에요. 다른 건 당연한 거예요. 유전자가 같은 일란성 쌍둥이조차 성격과 취미가 다르고, 친한 친구 사이일지라도 성격이 달라 다투듯이 모든 인간은 '차이'가 있을 수밖에 없어요. 차이가 있다고 등급과 순위를 매기면 어떻게 될까요? 높은 등급에 있는 사람은 존중받고, 낮은 등급의 사람은 무시당하며 차별받게 되지 않을까요?

차별은 멀리 있지 않아요. 지금 우리 사회에서도 빈번하게 이루어지고 있으니까요. 대표적인 게 외모 차별이에요. 예능 프로그램에서 머리가 크거나 키가 작은 출연자는 희화화되고, 외모가 뛰어나지 않은 사람들은 자연스럽게 놀림감이 돼요. 외모 차별은 친구들 사이에서도 벌어져요. 전혀 비만이 아닌데도, 조금만 뚱뚱해도 친구 관계가 어려워져 다이어트를 하는 친구가 많아요. 그뿐인가요? 예전보다 여성의 사회적 지위는 높아졌다지만, 여전히 남자가 더 일을 잘한다는 편견 때문에 여자가 승진에서 누락되는 일이 발생하고 있지요.

장애인들이 겪는 차별은 무수히 많아요. 일 구하기가 하늘의 별 따기만큼 어려울 뿐만 아니라, 시각 장애인의 경우 안내견과 식당에 들어가면 쫓겨나는 일이 다반사예요. 안내견을 시각 장애인의 눈이자 보호자로 생각하지 않기 때문이에요. 영화관만 봐도 장애인석은 보통 맨 뒤나 맨 앞에 지정돼 있어요. 장애인에게는 좋은 좌석을 선택할 권리마저 없는 것이지요. 장애인과 비장애인이 같이 어울려 살 수 있는 제도가 마련되어야 하는데 애초에 장애인은 사회에서 배제되고 있어요.

그렇다면 차별은 왜 생길까요? 갑자기 어디선가 나타난 걸까요? 그렇지 않아요. 차별은 아주 오래전부터 존재했어요. 인권이 없던 과거에는 차별이 더욱 심했지요. 조선시대에는 아무리 부자일지라도 장사하는 사람을 천대했고, 신분에 따라서 차별했어요.

우리는 앞서 인권에 대해 배웠어요. 인간은 누구나 존중받아야 하고 자유가 있어야 하며 평등해야 한다고요. 평등은 '권리, 의무, 자격 등이 차별 없이 고르고 한결같음'이란 뜻이에요. 등급을 매겨 구분하는 차별과는 정반대되는 개념이지요. 어떤 이유로도 차별은 당연시될 수 없어요. 성적이 낮다는 이유로, 여자라는 이유로, 뚱뚱하다는 이유로 다르게 대해선 안 돼요. 차별할 권리는 누구에게도 없어요.

차이를 인정하지 않는다면 우리 사회도 언젠가 별별 학교처럼 될 거예요. 차별이 당연해지는 세상, 생각만 해도 끔찍하지 않나요?

⭐ 차별은 어떻게 나타날까요?

차별은 다양한 얼굴을 갖고 있어요. 약자와 소수자를 대상으로 한 차별부터, 외모, 직업, 학벌까지. 차별은 사회 곳곳에 존재하며 우리를 아프게 해요. 문제는 차별인지 모르고 당당하게 차별적 행위를 하는 사람들이 많다는 거예요. '그게 왜 차별이야?'라고 생각하는 사람이 많을수록 차별을 없애는 일은 무척 어려워질 거예요.

'지피지기 백전불태(知彼知己, 百戰不殆)'라는 말을 들어 본 적 있나요? 적을 알고 나를 알면 백 번 싸워도 위태롭지 않다는 뜻이에요. 우리 사회에서 일어나고 있는 다양한 차별을 알고, 반성한다면 언젠가는 차별이 사라진 세상에서 살 수 있을 거예요.

① 이동권을 보장하라! - 장애인 차별

출퇴근 시간대 이루어진 장애인 지하철 점거 시위로 인해 '장애인 이동권' 문제가 화두로 떠오른 적이 있어요. '이동권'은 이동할 수 있는 권리를 뜻해요. 이동하는 데 왜 권리가 필요하냐고요? 비장애인은 버스나 지하철을 타고 어디든 이동할 수 있지만 서준이 아빠의 사례에서 알 수 있듯 장애인에게는 무척 어려운 일이거든요. 누군가에게는 너무나 당연한 권리가 장애인에게는 보장되지 않았던 거예요. 그래서 자유롭게 이동할 수 있는 권리를 달라고 시위에 나선 것이지요.

2022년 기준으로 우리나라에 등록된 장애인 수는 265만 명이 넘어요. 전체 인구의 5.2%를 차지하는 비율이니 결코 작은 숫자는 아니에요. 통계대로라면 200만 명이 넘는 장애인 중 한두 명은 길 가다가 마주칠 법도 한데, 생각해 보면 그런 일은 꽤 드물어요. 휠체어를 탄 장애인이 자연스럽게 버스를 타거나 지하철을 이용해 출퇴근하는 일은 거의 불가능에 가깝고요.

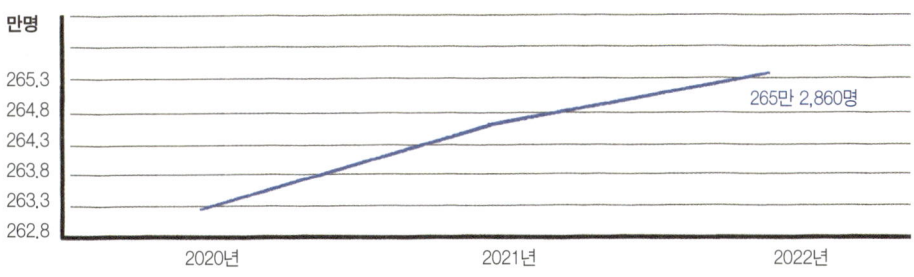

우리가 장애인을 만나지 못한다는 건 매우 슬픈 일이에요. 그만큼 밖으로 나오는 데 제약이 있다는 뜻이니까요. 휠체어가 오르내릴 수 있는 저상 버스가 확대된다면, 모든 지하철역에 엘리베이터가 설치된다면, 장애인을 위한 콜택시가 더 많아진다면, 모든 도로와 상가 입구에 턱을 없애고 시각 장애인을 위한 점자 블록(점자 형태로 설치한 안내 블록)이 깔린다면 장애인들도 우리처럼 자유롭게 이동할 수 있을 거예요.

과거에는 장애를 모자라고 부족한 것으로 인식했어요. 비정상적이고 열등한 상태로 본 것이지요. 청각 장애인은 '귀머거리', 언어 장애인은 '벙어리', 지체 장애인은 '병신' 등의 말로 낮잡아 부르며 소외시켰어요. 하지만 사회가 발전하면서 장애인에 대한 인식도 변화하기 시작했어요. 장애인이라는 이유로 취업에서 불이익이나 차별을 받지 않도록 '장애인고용촉진 및 직업재활법'과 같은 제도도 마련되었어요.

장애인에 대한 인식이 과거보다 나아졌다고 하더라도 아직 가야 할 길은 멀어요. 오랜 시간 동안 장애인들이 이동권을 요구했지만, 우리 사회는 그들의 요구를 외면하고 모른 척해 왔어요.

출퇴근 시간대에 지하철을 점거하며 그들이 시위를 벌일 수밖에 없었던 것은 그렇게 해야만 뉴스에 나오기 때문이에요. 우리에겐 아무것도 아닌 이동권이 그들에게는 '생존'과 직결된 문제이자, 누군가의 도움 없이 자립해 살아가기 위한 기본적인 권리이기 때문이에요.

선천적인 장애도 있지만, 사고나 질병으로 인해 장애인이 된 사람도 많아요. 누구나 예비 장애인이란 말도 있듯이, 장애는 특정 사람에게만 생기지 않아요. 우리가 장애인을 외면하면 언젠가 내가 외면당할 수도 있는 거예요. 그렇기 때문에 장애인이 잘사는 사회가 곧 모두가 잘사는 사회라는 것을 깨달아야 해요.

그들을 혐오하는 대신 존중의 눈길로 바라본다면, 외면하는 대신 작은 손이라도 내밀어 준다면 언젠가는 버스와 지하철, 마트, 길거리에서 밝

게 웃는 장애인들을 많이 만날 수 있겠죠?

② 우리는 왜 카페에 가면 안 돼요? - 아동 차별

'노키즈존(No Kids Zone)'에 대해 들어 보거나 경험해 본 적 있나요? 말 그대로 키즈(어린이)는 들어오면 안 되는 지역을 뜻해요. 주로 카페나 식당, 고급 가구점 등에서 실시하고 있지요. 출입이 제한된 어린이의 연령대는 5세 이하, 10세 미만 등으로 가게마다 다르지만, 대체로 영유아기 아동의 출입을 금지하고 있어요.

왜 아이의 출입을 금지하냐고요? 아이들이 큰 소리로 떠들어서 다른 손님에게 피해를 주거나, 물건 파손 등의 안전사고가 발생할 수 있기 때문이에요. 실제로 2023년 2월에 여론조사기관 한국리서치가 조사한 결과 노키즈존 운영에 동의한다는 응답이 73%였고, 동의하지 않는다는 반대 응답은 18%뿐이었어요.

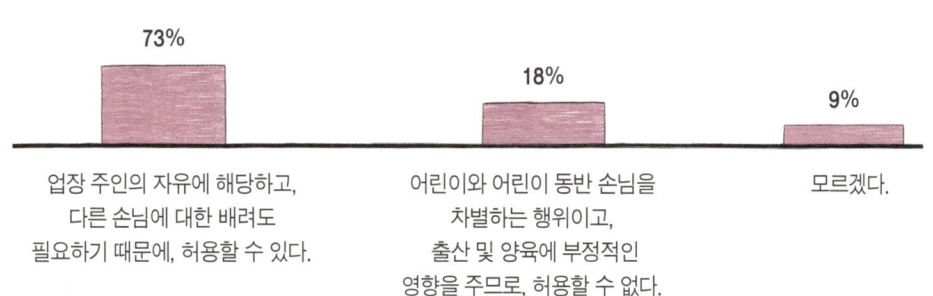

이렇다 보니 가게 입장에서는 노키즈존을 선택할 수밖에 없어요. 아이와 함께 오는 부모들까지 출입이 제한되어 이익이 감소하는데도 오히려 노키즈존 가게는 점점 늘어나고 있지요. 이는 노키즈존 가게만 찾는 사람이 그만큼 많다는 뜻이기도 해요.
 아이들이 소란을 피운다는 이유로 모든 아이의 가게 출입을 막는 건 정당한 행위일까요? 술집이나 식당에서 싸우며 소란을 피우는 어른도 많은데 정작 어른의 출입을 금지하는 '노어덜트존'은 존재하지 않잖아요.
 노키즈존 가게가 점점 늘어난다는 건 노키즈존이 어린이에 대한 차별적 행위임을 모른다는 뜻이에요. 국가인권위원회는 지난 2017년 노키즈존은 아동에 대한 '차별 행위'임을 인정했어요. 나이를 이유로 차별하는 것은 '평등권'을 위반하는 행위라는 것이지요. 2013년 유엔 아동권리위원회 역시 노키즈존으로 인해 아동은 문제아라는 인식이 형성될 수 있고, 이러한 차별 행위는 아동이 시민으로 성장하는 데 부정적인 영향

을 미친다고 강조했어요.

　그런데 안타깝게도 노키즈존은 법적으로 막을 방법이 없기 때문에 가게 주인이 마음대로 결정할 수 있어요. 오히려 그들은 조용하고 쾌적한 환경에 만족하는 손님이 더 많은데 그게 왜 문제가 되느냐고 반문해요.

하지만 멀리 내다보면 이러한 행위 하나로 특정 집단을 대상으로 한 차별과 배제가 더 확대될 수 있어요. 실제로 서울의 어느 캠핑장은 40대 이상 남녀의 예약은 받지 않는다는 '노중년존'을 실시해 논란을 일으키기도 했어요.

아이들이 울거나 소리를 지르는 건 너무나 자연스러운 행동이에요. 아이들은 어른만큼이나 의사 표현을 능숙하게 할 수 없거든요. 배고프면 울고, 신이 날 땐 소리 지르고 뛰어다니는 것으로 자기의 감정을 표현해요. 호기심도 왕성해서 신기한 물건이 있으면 만져 보기도 하고요. 우리도 이런 시절이 있었어요. 누구나 아기에서 어린이, 청소년, 어른, 노인이 되니까요.

물론 아이들의 이런 특성을 존중하는 사람도 많아요. 그들은 아이들 때문이 아니라 아이를 제대로 돌보지 않는 부모 때문에 노키즈존을 찬성한다고 주장해요. 한 조사 결과에 따르면 80% 이상이 아이를 잘 돌보지 못하는 일부 부모들 때문에 노키즈존이 만들어진 거라고 답했어요. 초등학생과 영유아 자녀를 둔 응답자의 85%도 일부 몰상식한 부모들 때문에 노키즈존이 생겼다고 응답했어요. 이 결과만 보면 문제는 아이가 아니라, 어른들임을 알 수 있어요.

다행히 최근에는 '키즈케어존(Kids Care Zone)' 가게들도 하나둘 생겨나고 있어요. 키즈케어존은 아이의 입장은 허용하되 아이들이 소란을 피우지 않도록 부모가 잘 돌봐야 한다는 조건을 명시한 가게예요.

아이가 문제를 일으킨다고 차별하고 배제하기보다는 규칙과 예절을 알려 주는 게 어른들이 할 일이에요. 부모가 자녀에게 공공장소에서 지켜야 할 예절을 알려 주고 다른 사람에게 피해가 가지 않도록 교육한다면, 어른들이 아이들의 행동을 나쁘게만 보지 않고 이해하고 배려한다면 노키즈존도 하나둘 사라지게 될 거예요.

> "우리 어린이들도 규칙을 배울 수 있어요. 조용히 해야 하면 '조용히 하자'는 규칙을 쓰고, 안전을 위해서라면 안전한 환경을 만들어 주세요."
> —김나단 어린이
>
> "어른들도 아이였던 때가 있잖아요. 어린이들이 노키즈존을 배워서 나중에는 어른들을 못 들어오게 할 수도 있어요. 우리에게 나쁜 것을 가르치지 마세요."
> —김한나 어린이
>
> —어린이날 100주년 '어린이 차별 철폐의 날' 선포 기자회견 중 어린이 인터뷰

③ 우리는 어디로 가야 하나요? - 난민 차별

 2015년 9월, 한 장의 사진이 언론을 통해 전 세계에 공개되었어요. 사진 속 주인공은 세 살 남자아이 아일란 쿠르디. 쿠르디는 터키 휴양지 보드룸 해변에 얼굴을 파묻은 채 죽어 있었어요. 세 살밖에 되지 않은 아이가 왜 홀로 죽음을 맞이해야 했을까요?

 쿠르디는 시리아 난민 아이였어요. 시리아는 내전, 즉 나라 안에서 전쟁이 일어나고 있었기 때문에 가족 모두 안전한 곳을 찾아 떠날 수밖에 없었어요. 처음에는 캐나다에 난민으로 받아 달라고 요청했지만, 신분을 확인할 수 있는 자료가 부족하다는 이유로 거절당했어요. 결국 캐나다를 포기한 채 배를 타고 그리스로 향하던 쿠르디 가족은 거센 풍랑으로 고무보트가 침몰해 목숨을 잃고 말았어요. 그리고 얼마 뒤, 겨우 세 살밖에 되지 않은 쿠르디의 시신이 터키 해변에서 발견된 거지요.

 사진이 공개되자 전 세계 사람들은 충격에 빠졌어요. 난민이 들어오면 범죄가 일어나고, 경제 상황도 안 좋아질 것이라 믿던 사람들은 점차 난민을 거부하는 게 옳은 일인지 고민해 보기 시작했어요.

 시리아에 난민이 생긴 건 오랜 내전 때문이에요. 내전의 시작은 독재 정권을 타도하기 위해서였지만, 그 이면을 들여다보면 종교 갈등도 자리하고 있어요. 이슬람교는 천 년이 넘게 '수니파'와 '시아파'라는 종파로 나뉘어 갈등하고 있었어요. 갈등이 점차 심해지자 두 종파는 결국 전쟁을 일으켰어요. 미국, 러시아 등 주변국들이 개입하면서 전쟁은 더욱 커

졌고 무려 10년이 넘게 이어지고 있어요.

앞서 언급한 십자군 전쟁 또한 이슬람교와 그리스도교의 갈등으로 벌어진 참극이었어요. 당시에도 내가 믿는 종교만이 진리라고 생각하며 오랜 기간 전쟁을 이어 갔고 많은 사람이 목숨을 잃었어요. 살아온 환경이 다르듯, 사람들이 믿는 종교 역시 제각기 다를 수밖에 없어요. 내 종교가 소중하면, 다른 이의 종교도 소중하다고 생각해야 해요. 누구도 종교를 강요할 수는 없어요. 강요하는 건 선교가 아니라 폭력이나 마찬가지예요.

유엔 인권사무소는 2011년부터 시작된 시리아 내전으로 인한 사망자가 35만 명 이상이라고 발표했어요. 전체 사망자 가운데 어린이 희생자는 2만 7000여 명으로 13명 중 1명 꼴로 사망했어요. 본국을 탈출한 난민은 무려 560만 명이나 돼요.

난민이 되고 싶은 사람은 아무도 없어요. 유엔은 전쟁이나 독재자의 탄압, 식민지 지배 등으로 위험에 처한 사람들에게 난민 자격을 주고 있어요. 그 나라에서 안전하게 살 수 없으니 다른 곳으로 피신해도 된다고 인정하는 것이지요. 하지만 대다수의 나라가 난민을 받아들이지 않으려고 해요. 난민이 유입되면 범죄와 같은 온갖 사회 문제가 발생할 거라 믿기 때문이에요.

지금도 종교 갈등으로 인한 내전이나 독재 정권의 탄압 때문에 나라를 떠나 난민이 된 사람들이 있어요. 제2, 제3의 쿠르디가 작은 고무보트에 목숨을 맡긴 채 넓은 바다를 위태롭게 건너고 있어요. 신성한 종교를 지킨다는 이유로 전쟁을 일으키고 사람들을 죽이는 행위가 정말 '신'을 위한 일일까요? 신이 바라는 건 서로를 이해하고 배려하며 존중하는 모습이 아닐까요?

누구도 쿠르디 가족을 구하지는 못했지만, 아직 기회는 있어요. 난민에 대한 편견과 혐오에서 벗어나 어떻게 하면 그들과 어울려 살 수 있을지 진지하게 고민하는 거예요.

유럽으로 시리아 난민이 쏟아질 때 100만 명 이상의 난민을 받아 준 독일의 메르켈 전 총리는 이렇게 말했어요.

"유럽에 더 이상의 장벽을 세워서는 안 됩니다. 우리에게 온 모든 사람을 인류애와 존엄성을 가지고 대해야 합니다."

차이와 차별은 어떻게 달라요?

우리 반에는 다리가 불편해서 휠체어를 타는 친구가 있어요. 그런데 선생님이 그 친구만 엘리베이터를 타고 3층 교실에 올 수 있게 허락한 거 있죠? 나도 다리 아파서 엘리베이터 타고 싶은데, 왜 그 친구만 특별 대우를 받는 거죠? 이거 엄연히 차별 아닌가요?

위의 글을 보고 어떤 생각이 들었나요? 비장애인이 차별받는 것 같아서 불쾌한가요? 아니면 장애인은 몸이 불편하니 엘리베이터 사용은 정당하다고 생각하나요? 언뜻 보면 차별 같지만, 이는 '차이'의 개념을 잘 알지 못하기 때문이에요.

차이

서로 같지 않고 다른 상태를 뜻해요. 사람은 피부색이나 키, 생김새와 같은 신체 조건이 다르고 성격과 생각도 제각각 달라요. 이렇게 서로 다른 특징을 보이는 것을 '차이'라고 해요. 성격이 다르면 '성격 차이', 키가 다르면 '키 차이'라고 하듯이요.

차별

차이를 인정하지 않고 등급이나 수준 따위로 나뉘어 불이익을 주거나 부당하게 대우하는 걸 '차별'이라고 해요. 피부색이 다르다고 폭행하거나, 장애가 있다는 이유로 따돌리는 것처럼요.

차이를 인정하면 다리가 불편한 장애인이 엘리베이터를 타는 건 너무나 당연한 일이에요. 비장애인은 계단을 이용할 수 있지만 휠체어를 탄 장애인은 계단을 오를 수 없으니까요. '다름'을 인정하는 건 곧 '차이'를 인정하는 거예요. 다름을 인정하면 어떤 무엇도 이상할 게 없어요. 한 교실에 앉은 친구들만 봐도 모든 게 다른데, 이 세상에 존재하는 많은 사람이 어떻게 같을 수 있을까요?

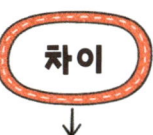 

차이	차별
여자는 임신할 수 있지만 남자는 임신할 수 없어요.	남자는 힘이 세야 하고 여자는 얌전해야 해요.
눈이 나쁜 학생이 앞자리에 앉아요.	성적이 좋은 학생이 앞자리에 앉아요.
시각 장애인을 위해 바닥에 점자 블록을 설치해요.	시각 장애인과 안내견은 식당에 들어올 수 없어요.
흑인, 백인, 황인은 피부색이 달라요.	흑인은 백인들이 이용하는 도서관에 들어올 수 없어요.
한국 사람은 수저로 밥을 먹지만, 인도 사람은 손으로 밥을 먹어요.	인도 사람은 더러워서 같이 놀기 싫어요.

혐오의 끝은 폭력이에요

안네의 일기

"무슨 책을 읽을까?"

유진이가 도서관을 둘러보며 책을 찾고 있었어요.

"『안네의 일기』?"

그때 책 한 권이 눈에 들어왔어요.

유진이는 호기심 가득한 얼굴로 책을 꺼냈어요. 책 표지에 외국인 여자아이의 흑백 사진이 실려 있었어요.

"안네가 이 애 이름인가 봐."

유진이는 책의 내용이 궁금해졌어요. 일기를 얼마나 잘 썼길래 책으로 만들었나 신기하기도 했지요. 유진이도 일기를 쓰고 있었지만 늘 '어디를 갔다' '무엇을 먹었다' 같은 이야기뿐이거든요.

유진이는 자리에 앉아 책장을 펼쳐 보았어요.

"1942년? 내가 태어나기 한참 전에 살던 아이구나."

유진이는 한 장, 두 장 책장을 넘겼어요. 책을 읽을수록 안네의 일기에 빨려 들어갔어요. 하지만 이상하게 졸음이 몰려왔어요. 하품이 나고 눈꺼풀은 점점 무거워졌어요.

"하암……. 왜 이렇게 졸리지……."

유진이는 결국 책상에 엎드려 쿨쿨 잠이 들고 말았어요.

"얘! 일어나 봐!"

그때 누군가 유진이를 흔들어 깨우기 시작했어요.

"싫어. 더 잘 거야……."

"얼른 일어나 보라니까?"

"싫다니까……. 으악!"

가까스로 잠에서 깬 유진이는 깜짝 놀라고 말았어요. 처음 본 소녀가 유진이 얼굴을 신기하다는 듯 빤히 쳐다보고 있었거든요.

"쉿! 조용!"

소녀가 다급히 유진이의 입을 틀어막았어요.

"놀라게 해서 미안해. 그런데 조금만 목소리를 낮춰 주지 않을래?"

"아, 알았어."

유진이가 목소리를 줄이자 소녀가 안심한 표정을 지었어요.

"넌 누구니?"

"난 안네 프랑크야. 네가 읽은 책의 주인공."

"뭐?"

유진이가 얼른 표지 속 사진을 들여다보았어요.

"지, 진짜네. 똑같아!"

"내 일기를 궁금해하는 것 같아서 널 내가 사는 세상으로 불렀어."

"그럼 내가 과거로 날아왔단 말이야? 말도 안 돼. 책 속 주인공을 만나다니!"

"쉿! 조용!"

"크게 말하면 안 돼?"

"응. 여기 있는 걸 독일군에게 들키면 수용소로 끌려가거든."

"뭐?"

유진이에게 안네가 들려준 이야기는 놀라웠어요.

"지금은 전쟁 중이야. 독일의 히틀러가 제2차 세계 대전을 일으켰거든. 히틀러는 유대인을 무척 싫어해서 유대인들을 수용소에 잡아 가두고 있어. 독일인은 우월하고, 유대인은 열등하대. 우리 가족도 유대인이라서 이렇게 숨어 지내는 거야."

"말도 안 돼! 우월하고 열등한 인종이 어디 있어. 다 똑같이 소중하지!"

유진이가 화가 난 표정으로 말했어요.

"독일인들은 그렇게 생각하지 않나 봐. 같이 살던 이웃도 독일인의 신고로 수용소로 끌려갔거든. 그래서 우리 가족 모두 네덜란드로 도망쳐

온 거야. 다행히 아빠가 구해 둔 이 건물에 숨어 살 수 있게 됐어. 조금 답답하긴 하지만 수용소에 끌려가는 것보단 훨씬 좋아."

"아예 한 발자국도 못 나가는 거야? 음식이 떨어지면 어떡해?"

"우리를 도와주는 분이 빵과 우유를 몰래 가져다줘."

"그래도 정말 답답하겠다. 난 일주일도 못 있을 것 같은데……."

"답답하긴 해. 숨어 산 지 2년이 다 돼 가니까."

"2년이나?"

쓸쓸하게 웃는 안네의 얼굴을 보니 유진이의 마음도 좋지 않았어요.

"그래서 일기를 쓰기 시작한 거야. 답답한 마음을 적다 보면 어느새 잊어버리거든."

그때 아래층에서 무슨 소리가 들렸어요.

"쉿!"

안네가 무릎을 꿇더니 바닥에 귀를 대고 소리를 들었어요.

"무슨 일이야?"

유진이가 속삭이며 물었어요.

"누군가 건물로 들어온 것 같아."

안네의 이마에 땀방울이 송골송골 맺혔어요.

'설마 들킨 건 아니겠지?'

유진이의 심장도 쿵쾅쿵쾅 뛰었어요. 그리고 그 순간!

"학생, 학생!"

"으음……."

도서관 책상에 엎드려 잠이 들었던 유진이가 스르르 눈을 떴어요.

"도서관에서 잠꼬대를 하면 어떡해. 얼른 일어나."

"자, 잠꼬대요?"

유진이는 그제야 모든 게 꿈이었음을 알게 되었어요.

"진짜 만난 것처럼 생생했는데……. 안네는 어떻게 되었을까? 전쟁이 끝날 때까지 건물에서 무사히 숨어 지냈겠지?"

유진이는 얼른 『안네의 일기』 마지막 장을 펼쳐 보았어요.

> 1944년 8월 4일 안네의 가족이 살던 은신처는 누군가의 신고로 나치의 비밀 경찰에 발각되었다. 안네는 폴란드의 작은 마을 아우슈비츠 수용소에 끌려간 뒤 1945년 3월, 언니 마고와 함께 베르겐-벨젠 수용소로 이송되었다. 수용소의 열악한 환경 탓에 힘겨운 나날을 보내던 안네는 결국 장티푸스에 걸려 열여섯 살의 나이로 사망했다.

⭐ 혐오도 표현의 자유라고요?

수지

"우리 동네에 외국인 노동자들이 사는데 만날 때마다 진짜 무서워. 꼭 범죄자 같단 말이야. 제발 다른 동네로 이사 갔으면 좋겠어."

미란

"우리나라에 와서 착실하게 일하는 분들인데 범죄자 같다니, 너 그거 혐오 표현인 거 몰라?"

수지

"뭐 어때? 우리나라에는 표현의 자유가 있어. 이 정도 말은 누구나 할 수 있다고!"

여러분은 둘의 대화를 듣고 무엇을 느꼈나요? 수지의 말대로 혐오도 표현의 자유라고 생각하나요? 국가가 우리에게 자유를 보장했다고 해서 남에게 피해를 주는 자유까지 인정한 건 아니에요. 내가 남에게 피해를 주는 순간, 상대방은 자신의 자유를 침해당하게 되니까요. 그렇기 때문에 표현의 자유와 혐오의 자유를 혼동해서는 안 돼요. 표현의 자유는 있어도 혐오의 자유는 존재하지 않아요. 혐오의 자유가 인정받는다면 차별과 폭력이 난무해져 세상은 혼란에 빠지게 될 거예요.

이스라엘에서 절대 연주해서는 안 되는 음악이 있어요. 그게 무엇일까요? 바로 독일의 작곡자이자 위대한 오페라 작곡가로 평가받는 리하르트 바그너의 음악이에요. 바그너의 작품은 정말 훌륭하지만, 그는 글이나 오페라에서 유대인을 혐오하는 감정을 고스란히 드러내요. 그래서일까요? 그의 오페라는 매년 나치 전당대회가 열릴 때마다 상영되었고, 히틀러는 바그너 음악을 통해 독일 민족의 우수함을 알리고 유대인 학살을 정당화 했어요.

이 사례에서 알 수 있듯 대중에게 편견과 혐오의 표현이 확산되면 차별과 범죄가 확산되고, 차별과 범죄가 증가하면 또다시 편견과 혐오가 늘어나는 악순환이 반복돼요. 혐오에서 차별, 범죄, 넓게는 전쟁으로까지 이어지는 거예요.

그렇기에 지금이라도 당장 혐오 표현을 멈춰야 해요. 상대방과 다름을 인정하고 존중하는 마음을 가져야 해요. 혐오 표현을 방관하면 언젠가 나와 내 가족이 혐오의 대상이 될 수도 있어요. 그때 누가 날 도와줄까요? 내가 그랬듯이 다른 사람들도 나를 모른 척하지 않을까요?

혐오 표현은 자유가 아니에요. 혐오 표현은 폭력이자 상대방의 인격과 생명을 말살하는 범죄예요. 표현의 자유는 평등한 위치에서 서로 존중한다는 믿음을 전제로 이루어지는 거예요. 타인의 권리와 존엄성을 해친다면 그건 표현의 자유라 할 수 없어요.

안네 프랑크는 꿈이 많은 소녀였어요. 일기를 쓴 솜씨만 봐도 훗날 훌륭한 작가가 되었을지도 몰라요. 하지만 반짝반짝 빛나던 소녀의 꿈은 혐오의 바퀴에 깔려 사라지고 말았어요. 히틀러라는 한 개인의 유대인 혐오로 인해, 꿈 많던 소녀가 사회에서 없어져야 할 혐오의 대상이 된 거예요.

독일의 히틀러는 유대인을 청소한다는 목적으로 600만 명 이상의 유대인을 학살했어요. 유대인들은 유대인이라는 이유로 길가에서, 식당에서, 집에서 수용소로 끌려가 격리되었고 가스실에서 죽임당했어요.

자유를 갈망했던 안네는 일기에 이렇게 남겼어요.

> "언젠가는 이 끔찍한 전쟁도 끝이 나겠지.
> 그때는 유대인이 아니라 다시 사람이 되고 싶어."

혐오 범죄가 나날이 늘고 있다고요?

우리가 혐오하지 말아야 할 이유는 혐오가 누군가의 자유를 억압하고 소중한 생명을 앗아 가기 때문이에요.

오늘날에도 혐오로 인한 차별과 폭력은 계속 발생하고 있어요. 여성, 남성, 노인, 어린아이, 특정 종교인, 외국인 노동자 등을 타깃으로 한 혐오 범죄가 뉴스에 연일 보도되고 있지요. 이러한 현상은 우리나라뿐 아

니라 전 세계적으로 나타나고 있어요.

혐오는 항상 아래를 향하고, 자기보다 약한 사람을 먹잇감으로 삼아요. 사회에 대한 불만을 자기보다 강한 사람에게는 풀 수 없으니까 약자에게 풀며 만족감을 얻는 거예요. 간혹 학교 폭력으로 고통받는 피해자에게 사람들은 이런 말을 해요.

"성격이 별로니까 왕따나 당하지!"

"못생기고 뚱뚱하니까 친구들이 만만하게 보지!"

과연 그럴까요? 그 아이가 싸움을 잘했다면, 부자에다가 공부까지 잘했다면 친구들이 만만하게 보고 괴롭혔을까요? 그런 경우는 매우 드물 거예요. 왜냐하면 함부로 건드릴 수 없는 힘을 가졌으니까요. 공부든 싸움이든 뛰어난 게 있다는 것은 그 사람에게 권력이 있다는 뜻이기도 해요. 권력자는 함부로 건드리지 못해요. 강자거든요. 하지만 권력이 없는 사람은 만만하고 다루기도 쉬워요.

결국 왕따는 그 아이의 잘못이 아니라, 강자에게는 약하고 약자에게는 강한 비겁한 사람들이 만드는 거예요. 혐오도 마찬가지예요. 나보다 약하다고 생각하니까 혐오도 쉽게 하는 거예요. 강자에게 억눌린 불만을 약자와 소수자에게 풀며 혐오와 폭력을 일삼는 것이지요. 그래서 범죄로까지 쉽게 이어지는 건지도 몰라요.

혐오 범죄를 줄이기 위해선 혐오 자체가 범죄라는 것을 인식해야 해요. 독일에서는 인종, 성별 등과 관련한 혐오 표현을 하면 5년 이하의 징

역, 프랑스에서는 징역 1년 이하 혹은 6천만 원의 벌금형에 처해요. 캐나다도 고의성이 있는 혐오 표현을 하면 징역 2년, 뉴질랜드에서는 특정 피부색, 인종, 민족에게 혐오 표현을 하면 징역 3개월 혹은 벌금을 부과해 규제하고 있어요.

최근 우리나라도 헤이트 스피치(Hate Speech)를 금지하는 법안을 발의했어요. 시위할 때 특정 대상이나 집단을 향한 혐오와 증오 발언을 금지하는 내용이에요. 시위에 국한되긴 했지만, 혐오 표현을 금지하는 법안이라는 면에서 의미가 있다고 볼 수 있어요.

  규제와 처벌만으로 무분별하게 쏟아지는 혐오 표현을 막을 수는 없겠지만, 아무것도 하지 않는다면 혐오의 불길은 걷잡을 수 없이 번지고 말 거예요. 집이 다 타 버린 뒤에야 뭐라도 해 볼걸 후회하기보다는 지금이라도 다 같이 문제 해결을 위한 방법을 모색해야 하지 않을까요?

편견이 만든 가짜 뉴스와 혐오

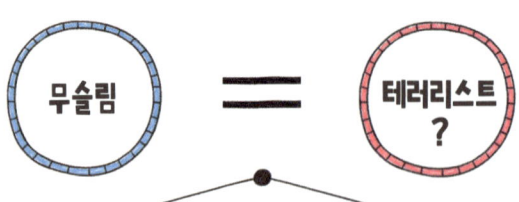

무슬림은 이슬람교를 믿는 사람들을 부르는 말이에요. 이슬람교를 믿는다고 하면 대다수가 테러리스트를 떠올려요. 2001년 9월 11일, 미국에서 일어난 9.11 테러로 인해 '무슬림=테러리스트'라는 공식이 생겼어요. 9.11테러를 일으킨 조직 '알카에다'가 이슬람을 믿는 테러 단체인 건 분명해요. 하지만 그들이 이슬람을 대표한다고 볼 수는 없어요. 실제 미국에서 일어난 테러 가운데 2.5%만이 이슬람 극단주의자의 소행이라고 해요. 그런데도 '무슬림=테러리스트'라는 공식은 깨지지 않고 있어요. 이는 언론의 탓도 있어요. 기독교인인 백인이 테러를 일으키면 '뉴욕에서 총격 사건 발생'으로 보도되지만, 무슬림이 일으키면 '뉴욕에서 무슬림 총격 사건'으로 보도하며 종교적 테러로 취급하니까요.
이슬람 세력은 IS 등과 같은 일부 극단주의 단체들이에요. 즉 이슬람교를 믿는 사람들이 테러리스트인게 아니라, 일부 나쁜 마음을 먹은 사람들이 문제라는 사실을 꼭 기억하기로 해요!

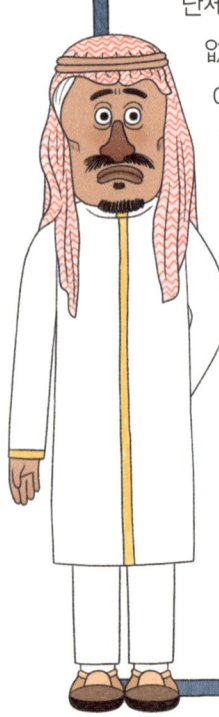

❋ 혐오는 편견에서 시작해서 차별과 폭력으로 이어져요!

누군가를 향한 혐오는 편견이라는 먹이를 먹고 자라나요. 편견이 주는 부정적인 인식과 고정 관념은 점차 혐오로 발전하고요. 혐오가 특정 대상을 향해 비하와 조롱, 모욕 등으로 위협한다면 차별은 다양한 영역에서 특정 대상을 배제하고 괴롭혀요. 차별은 범죄나 전쟁, 테러, 학살과 같은 폭력으로 이어지지요. 혐오하는 사람이 늘어날수록 사회는 점차 폭력적으로 변해 갈 거예요.
그래서 장난으로라도 혐오해선 안 돼요. 재미로 던진 돌멩이에 개구리는 맞아 죽을 수도 있으니까요. 그 개구리가 곧 내가 될 수도 있어요.

혐오는 NO! 존중은 YES!

"무슨 여자가 밥을 그렇게나 많이 먹냐?"

나는 급식 식판을 들고 오는 혜나를 보며 소리쳤다.

"정우야, 혜나 그만 놀려. 그러다 너 한 대 맞는다."

강찬이의 말에 친구들이 웃음을 터트렸다.

나는 세상에서 여자애들 놀리는 게 제일 재미있다. 특히 키가 큰 혜나는 놀림감 1순위이다.

"키가 크니까 밥을 많이 먹지! 하긴 너희처럼 키 작은 남자들은 잘 모르겠구나."

혜나가 한쪽 눈을 찡긋하며 지나갔다.

"뭐? 너 말 다했어?"

"둘 다 그만해!"

밥 먹던 여울이가 중재했지만 화는 가라앉지 않았다.

"여자는 날씬해야 예쁜 거야! 너처럼 키 크고 뚱뚱하면 누가 좋아하나?"

"남자도 키 크고 체격 좋아야 멋있거든? 너처럼 작고 마른 남자 말고."

"뭐? 이게 진짜…… 으악!"

자리에서 벌떡 일어나던 나는 다리를 삐끗해 바닥으로 고꾸라졌다. 그 바람에 머리에 커다란 혹이 생기고 말았다.

"윽, 이게 다 김혜나 때문이야!"

내가 쏘아붙이자 혜나가 어이없다는 표정으로 나를 바라보았다.

"네가 원인 제공을 했잖아. 그러게 누가 놀리래?"

"너도 나 키 작다고 놀렸잖아! 그거 엄연히 혐오 표현이라고!"

"너야말로 혐오 표현 썼잖아! 여자는 밥 많이 먹으면 안 되고, 날씬해야 한다며?"

"그게 어떻게 혐오 표현이야! 당연한 거지!"

"뭐?"

우리의 실랑이를 지켜보던 강찬이가 끼어들며 말했다.

"그만, 그만! 우리 모두 잘못했으니까 그만해."

"우리가 뭘 잘못해!"

나는 강찬이의 말에 발끈했다.

"솔직히 여자애들한테 혐오 표현 많이 쓰긴 했잖아. 장난이라도 기분 나쁜 말이었어."

강찬이가 머리를 긁적이며 말했다.

"강찬이 말대로 다 똑같이 잘못했어. 솔직히 혐오 표현 한 번도 안 쓴 사람이 어디 있어? 뭐만 하면 진지충, 결정 장애, 이러면서 자주 쓰잖아. 혐오 표현인지 모르고 쓰는 말도 많고. 이번 기회에 혐오 표현이 뭔지 제대로 알아보는 건 어때?"

"어떻게?"

여울이의 말에 내가 물었다.

"각자 알고 있는 혐오 표현을 카드로 만들어 보는 거야."

"오, 좋은 생각인데? 혐오 표현의 뜻을 알면 지금처럼 무분별하게 쓰지는 않을 거야."

여울이의 제안에 아이들은 모두 찬성의 의견을 냈다.

"우리 학교만이라도 '혐오 표현 안 쓰기 문화'를 만드는 것도 좋을 거 같아. 혐오 카드를 만들어서 게시판에 붙여 놓자! 그럼 좀 더 조심하지 않을까?"

"다른 반 아이들도 초대해서 혐오 표현에 대해 알려 주고 '혐오 표현 쓰지 않기 운동'도 하면 좋을 것 같은데?"

누가 먼저랄 것 없이 서로 아이디어를 발전시켜 나갔다.

"우아, 정말 멋진 생각인데요?"

언제부터였는지 선생님이 문 앞에 서서 빙긋 웃고 있었다.

"혐오 표현 알고, 쓰지 않기 운동 본부! 선생님도 적극적으로 도울게요!"

다음 날, 우리는 각자 만들어 온 혐오 카드를 교실 게시판에 꼼꼼히 붙였다. 혐오 카드를 만들면서 그간 너무 생각 없이 혐오 표현을 써 왔다는 생각이 들었다. 그래서인지 오늘 모임이 더욱더 책임감 있게 다가왔다. 친구들이 질문할 경우를 대비해 혐오 표현을 열심히 공부한 것도 그 때문이었다.

우리 반을 방문한 친구들 모두 빼곡하게 적힌 혐오 표현을 보고 깜짝 놀란 눈치였다.

"헉, 나 저거 많이 쓰는데."

"외모에 대한 편견도 혐오 표현이구나."

"다문화가 혐오 표현인지 몰랐어. 이제 안 쓸래."

반성하고 쓰지 않겠다고 다짐하는 친구들을 보니 뿌듯한 기분이 들었다.

"에이, 어떻게 아예 안 써. 저런 말 게임에서 자주 쓴단 말이야."

옆 반 상철이가 뽀로통한 목소리로 말하자, 다른 친구들도 동조하며 수군대기 시작했다.

"그럴 땐 간단해."

혜나가 한 발자국 앞으로 나와 대답했다.

"게임에서 그런 말을 쓰면 잘못됐다고 말해 주고 안 쓰면 돼. 아무도 잘못됐다고 말하지 않으니까 모르고 더 쓰는 거야."

쓰지 않기 운동! ★

- 여자는 예뻐야 해
- 남자는 힘이 세야 해
- 잼민이
- 급식충
- 진지충
- 애자
- 다문화
- 흑형

"유튜브는 어떡해? 혐오 표현 쓰는 유튜버도 많은데?"

"그런 표현은 잘못됐으니 쓰지 말아 달라고 댓글 달면 되지! 그리고 혐오 표현 쓰는 유튜브는 구독하지 않기!"

이번엔 내가 대답했다.

"오, 그러면 되겠구나!"

한 시간 정도 진행된 '혐오 표현 알고, 쓰지 않기 운동'은 성황리에 마무리됐다. 교장 선생님은 한 달에 한 번 이 운동을 이어 나가겠다고 발표했다.

"이 운동을 잘 이끌어 갈 본부장이 필요한데, 누가 하면 좋을까요?"

선생님의 말씀에 아이들이 일제히 나와 혜나를 쳐다보았다.

"혜나랑 같이하면 좋을 것 같은데······."

내가 혜나의 눈치를 살피자 혜나가 손을 번쩍 들며 말했다.

"정우랑 같이 해볼게요. 저희 때문에 생긴 운동이잖아요!"

친구들이 혜나와 나를 위해 박수 치며 환호해 주었다.

"헤헤."

언제 싸웠냐는 듯이 우리는 서로를 마주 보며 씩 웃었다.

⭐ 혐오하는 진짜 이유

사회가 발전할수록 사람들의 의식 수준 또한 높아졌어요. 약자를 배척하는 걸 당연하게 생각했던 사람들도 점차 그들을 존중하고 배려해야 한다고 생각하기 시작했으니까요.

하지만 이에 반감을 갖는 사람들도 나타났어요. 열등했던 자들이 나와 동등한 대우를 받는 게 자존심 상하고 기분 나빴던 것이지요. 그들이 동등한 위치에 오르지 못하도록 사람들은 그들을 비하하고 혐오하기 시작했어요. 계속 열등한 위치에 있어야 내가 조금이라도 우월감을 느낄 수 있으니까요.

특정 집단을 혐오하는 사람들은 자신들의 행동이 절대 혐오가 아니며, 오히려 나라와 국민을 위한 일이라고 주장해요. 우리나라의 경우 여성을 혐오하는 사람들은 사치스러운 한국 여자나 극단적인 페미니스트를 싫어할 뿐, 모든 여성을 혐오하는 건 아니라고 말해요. 심지어 시대가 바뀌었기 때문에 여성 혐오와 차별은 존재하지 않는다고 믿어요.

난민을 혐오하는 사람들은 난민을 받아들이지 않는 건 우리 국민의 안전을 보호하는 일이기 때문에 혐오와 차별이 아니라고 주장해요. 최소한의 지원만 해준다는 정부 지침은 무시한 채, 우리가 낸 세금이 난민에게 펑펑 쓰인다는 잘못된 정보만 철석같이 믿으면서 말이에요.

성소수자를 혐오하는 사람들은 동성애를 인정하는 순간 동성애가 퍼져서 청소년들에게 안 좋은 영향을 준다고 말해요. 이들에게 혐오는 매우 정당한 일이에요. 사회를 파멸로 이끌고, 경제를 악화시킬 수 있으니 배척하는 게 옳은 일이라고 믿는 것이지요.

그런데 정말 약자가 사회를 파멸로 이끌고 경제를 악화시킬 수 있을까요? 아주 먼 옛날, 여자는 학교에도 다닐 수 없었어요. 배움은 남자만의 특권이었고, 여자는 육아와 집안일을 담당해야 한다고 생각했지요. 여자가 똑똑하면 오히려 집안이 망한다고 믿었어요. 하지만 지금은 여성도 남성과 동등하게 교육받을 수 있어요. 옛 믿음대로라면 집안이 망해도 수천 번 망해야 할 텐데 정말 그런가요? 오히려 능력 있는 여성들이 사회 곳곳에서 좋은 영향력을 끼치고 있잖아요.

결국 혐오하는 사람들의 주장은 터무니없는 핑계일 뿐이에요. 그들이 혐오하는 이유는 자신들의 기회를 다른 이들과 나누고 싶지 않기 때문이에요. 약자와 소수자들을 보호하고 존중하는 행위를 엄청난 특혜를 주는 것처럼 생각하는 것이지요. 나도 힘든데 왜 소수자들까지 신경 쓰고 도와줘야 하는지 납득이 안 되는 거예요. 사람은 누구나 행복하고 풍족한 삶을 소망해요. 그건 당연한 심리예요. 이왕이면 남들보다 더 잘 살고 싶고, 돈도 많이 벌길 원하지요. 하지만 모든 기회는 공평하지 않아요.

동그라미 선 안에 스무 명의 사람들과 피자 8조각이 놓여 있다고 가정해 볼게요. 스피커에서 누군가 피자를 나눠 먹으라고 지시하자, 스무 명의 사람들은 당황하기 시작해요. 피자 8조각은 스무 명의 사람들이 공평하게 나눠 먹기에는 턱없이 부족한 양이에요. 그들은 어쩔 수 없이 피자 한 조각을 먹기 위해서 경쟁해야 해요. 어떤 사람은 피자 한 조각으로 만족하지 못하고 다른 사람의 피자 조각까지 빼앗기로 결심해요.

그런데 가만 보니 이 경쟁에 참여하지 못한 이들이 있어요. 동그라미 선 밖에 있는 열 명의 사람들이에요. 그들도 피자가 먹고 싶지만 스무 명의 사람들이 그들의 출입을 막고 있어요. 저들까지 들어오면 자신들의 피자 조각까지 빼앗길 것 같거든요. 선 밖의 사람들 입장에서는 매우 부당하고 차별적인 행위예요. 똑같은 사람인데 자신들에게는 기회조차 없으니까요. 선 밖의 사람들은 동그라미 선 안으로 들여보내 달라고 애원해요. 그러자 선 안의 사람들은 서로 손을 잡고 선 앞에 서서 그들을 있는 힘껏 밀어내기 시작해요. 우리의 기회를 빼앗지 말라고, 너희에게까지 줄 피자 조각은 없다면서 말이에요.

여러분이 선 안에 있다면 어떻게 행동할 것 같나요? 여러분도 선 밖의 사람들을 배척하고 밀어낼 건가요? 스무 명의 사람들은 선 밖의 사람들이 자신들의 기회를 빼앗아 갈지 모른다고 믿지만 그들이 아니어도 피자 조각은 터무니없이 부족해요. 즉 선 밖의 사람들이 아니어도 어차피 경쟁해야 할 상황인 거예요. 게다가 이런 과도한 경쟁이 생긴 이유는 애초에 피자를 8조각밖에 주지 않은 누군가의 잘못이에요. 피자를 여러 판 주었다면 모두 공평하게 나눠 먹을 수 있었을 테니까요.

선 밖의 사람들을 소수자라고 생각한다면, 이 이야기는 조금 더 이해하기 쉬워요. 소수자들은 우리가 먹을 피자를 모조리 빼앗겠다는 게 아니라, 피자를 먹을 수 있는 기회를 달라는 것뿐이에요. 즉 다른 사람들

과 똑같이 사회에 참여할 수 있는 공평한 기회를 달라는 것뿐이에요.

약자들을 혐오한다고 해서 살기 좋은 세상으로 변할까요? 오히려 사회는 분열되고 혼란만 초래하게 될 거예요. 모두가 잘 사는 사회를 만들

기 위해서는 약자와 소수자의 목소리에 귀 기울이고, 그들이 원하는 바가 무엇인지 진지하게 논의해야 해요.

⭐ 방관하면 나도 혐오의 대상이 될 수 있어요

1964년 뉴욕의 밤, '키티 제노비스'라는 젊은 여성이 아파트 앞에서 강도를 만났어요. 강도의 위협을 받은 그녀는 30여 분 동안 살려 달라고 간절하게 소리쳤지만, 누구의 도움도 받지 못한 채 목숨을 잃었어요. 젊은 여성이 강도에게 죽임을 당했다는 사실보다 더 충격적이었던 것은 그 시각 서른 명이 넘는 이웃들이 창문 너머로 범죄 현장을 목격했다는 것이었어요. 살려 달라고 애절하게 소리치는 제노비스의 외침에도 단 한 사람도 경찰에 신고하지 않았던 거예요. '나 아니어도 누군가 신고했겠지.' '나 말고 도와줄 사람 많은데, 뭐.' '괜히 도와주러 나갔다가 나까지 다치면 어떡해.'와 같은 생각으로 방관한 것이지요.

사실 제노비스를 도와준 사람들이 없었던 건 아니었어요. 그만하라고 소리친 사람도, 경찰에 신고한 사람도, 쓰러진 제노비스를 부축한 사람도 분명 있었어요. 어떤 사람은 살인 사건이 아닌 단순 부부 싸움이라고 생각해 신고하지 않았다고 해요. 하지만 당시 언론사들이 '살인을 목격한 사람들이 경찰에 신고하지 않았다'라는 가짜 뉴스를 내보내는 바람에 사람들은 떠도는 소문을 진실로 믿었어요. 충격에 빠진 미국 사회는 한 여성의 죽음을 지켜만 본 주민들을 열렬히 비난했고, 사회 심리학자들은 위기 상황에서 피해지를 돕지 않은 방관자들에 의문을 품기 시작했어요.

'그 많은 사람 중 왜 아무도 그녀를 도우려 하지 않았을까?'

'무엇이 그들을 두렵게 만들었을까?'

사회 심리학자들은 방관한 사람들의 심리를 여러 각도로 연구하며 의문을 파헤치려고 노력했어요. 그리고 주위에 사람이 많을수록 오히려 어려움에 빠진 사람을 돕지 않게 된다는 특이한 현상을 발견하게 되었지요. 심리학자들은 이 현상을 제노비스의 이름을 딴 '제노비스 신드롬'이라고 불렀어요.

제노비스 신드롬은 우리말로 하면 '방관자 효과'라는 뜻이에요. 주변에 사람이 많으면 많을수록 책임이 분산되어 오히려 위험에 처한 사람을 덜 돕게 되는 현상을 말하는데, 다른 말로 '구경꾼 효과'라고도 해요. 목격자가 많을수록 서로 책임을 떠넘기며 소극적으로 행동한다는 것이지요.

시간이 흘러 제노비스 사건의 진실이 알려졌지만 그렇다고 해서 방관자 효과마저 거짓이란 뜻은 아니에요. 실제 여러 과정을 통해 방관자 효과의 신빙성은 받아들여지고 있으니까요. 거리에서 폭행을 당하는 사람을 구경하거나 쓰러진 사람을 그냥 지나치는 무관심한 사람들에 관한 기사가 종종 나오고 있듯이, 지금도 방관자들은 우리 주변에 존재하고

있어요.

 내가 직접 범죄에 참여하는 것도 아닌데 방관하는 게 왜 문제가 되냐고요? 방관하는 사람이 많아질수록 위험에 처한 사람은 도움받지 못하기 때문이에요. 그건 나 역시 위험에 빠질 때 누군가의 도움을 받지 못한다는 뜻이기도 해요. 방관자의 사전적 의미는 어떤 일에 직접 나서지 않고 곁에서 지켜보기만 한다는 뜻이에요. 지켜보는 사람이 많으면 많을수록 죄책감은 줄어들어요. 어차피 나만 방관한 게 아니라, 다른 사람들도 똑같이 방관했으니까요.

 우리가 혐오 표현을 하는 사람을 모른 척하고 외면한다면 우리 역시 방관자가 되는 거예요. 혐오 표현은 말로 사람을 찌르는 것과 같아요. 그 역시 범죄예요. 우리 앞에서 아무 잘못도 없는 누군가가 상처 입는데 방관한다면 아무 죄가 없다고 당당하게 말할 수 있을까요? "그만해!"라는 말 한마디로 사람을 살릴 수도 있는데 말이에요.

 아마 대부분은 나는 절대 소수자가 될 리 없고, 혐오당할 리도 없다고 자신만만해할지 몰라요. 그런 자신감으로 혐오를 방관해도 괜찮다고 생각한다면 그건 대단한 착각이에요. 혐오는 대상을 가리지 않거든요. 누구나 혐오의 대상이 될 수 있어요. 초등학생이 되면 '잼민이'라고 놀림받을 수 있고, 엄마가 되면 '맘충'이라는 말을 들을 수 있지요. 또 어른이 되어 외국으로 취업을 나가면 그 나라의 이주 노동자가 되고, 사고를 당하면 누구든 후천적 장애인이 되어 소수자로 편입될 수 있어요. 그런데

이때 누군가 내게 거리낌 없이 혐오를 표현하고 멸시와 적대감을 드러내면 어떨까요? 아무도 도와주지 않고 모두 방관만 한다면 나 혼자 그 많은 사람을 상대로 싸울 수 있을까요? 만약 한 명이라도 "혐오하지 마!"라고 외쳐 준다면 그 외침에 용기 얻은 다른 사람들도 혐오에 대항하려고 노력하지 않을까요?

  다문화 가정이라는 이유로 친구가 괴롭힘을 당할 때 모른 척하는 사람들, 인종 차별은 나와는 무관한 일이라고 외면하는 사람들, 이주민의 차별에 관심 없는 사람들. 방관자는 지금 내 옆에 있고, 우리와 같이 살고 있어요. 그 속에 섞여 있는 나 역시 또 다른 방관자이기도 해요. 하지만 누군가 먼저 혐오 표현에 대항한다면 상황은 달라질 수 있어요. 단 한 명이라도 혐오 표현을 하지 말라고 소리친다면 그 용기에 힘입어 다른

사람도 동참할 확률이 높기 때문이에요.

나 역시 겁이 나서, 무서워서, 귀찮아서, 누군가 도와주겠지 하는 마음으로 혐오당하는 친구를 방관하고 있지 않나요? 내가 그런 마음이라면 다른 사람도 똑같을 거예요. 그럼 혐오당하는 피해자는 누구의 도움도 받지 못한 채 상처 입고, 혐오의 가해자는 의기양양 또 다른 누군가를 혐오할 거예요. 그리고 그 혐오의 칼날은 언젠가 나를 향하게 될지도 몰라요.

혐오에 대항해요

혐오 표현을 아무렇지 않게 사용하는 사람들은 대부분 이렇게 말해요.
"내가 틀린 말 했나요?"
"그냥 장난인데요?"
"다 도와주려고 한 말인데요?"

혐오 표현을 하는 사람은 말하면 그뿐이지만, 듣는 사람은 지울 수 없는 상처를 받아요. 실제로 지속적인 혐오 표현에 노출된 사람들은 우울증과 자존감 하락, 자살 충동 등 극심한 정신적 고통을 호소한다고 해요. 혐오의 뜻으로 한 말이 아니었다고 하더라도, 어떤 집단에 대한 부정적인 편견을 드러내거나 모욕감을 준다면 혐오라고 볼 수 있어요.

그렇다면 혐오를 없애기 위해 우리는 어떤 노력을 해야 할까요?

우리는 앞서 편견을 시작으로 혐오에서 차별, 폭력으로 진화하는 과정에 대해 알아보았어요. 만약 가장 시작점에 있는 편견을 없앤다면 어떻게 될까요? 그 뒤에 따라오는 혐오와 차별, 폭력도 자연스레 사라지지 않을까요?

사람은 누구나 마음속에 희미하게나마 편견을 갖고 있지만 모두가 편견을 드러내며 사는 건 아니에요. 그런데 누군가 남자는 힘이 세야 하고 여자는 예뻐야 한다는 등 편견을 드러낸다면, 그래서 많은 사람이 그러한 편견을 반복적으로 접한다면 희미하게 자리 잡고 있던 마음속 편견이 고개를 들지 몰라요.

'맞아. 남자는 힘이 세야지.'

'여자는 무조건 예뻐야 해.'

이러한 편견은 고정관념으로 굳어져서 힘이 약한 남자와 예쁘지 않은 여자는 혐오와 차별의 대상이 될 거예요. 어려웠던 일도 반복하면 무뎌지듯이, 혐오와 차별을 반복적으로 행하면 그게 왜 문제가 되는지 잊어버려요. 그래서 대다수가 "그게 왜 혐오예요?"라고 반문하게 되지요.

혐오를 없애기 위해서는 편견부터 없애야 하지만, 사람들의 머릿속을 들여다보지 않는 이상 세상의 모든 편견을 없애는 건 불가능해요. 그래도 우리가 할 수 있는 일은 분명 있어요.

먼저 스스로 돌아보고 반성하는 자세를 갖는 거예요. 나도 모르게 편견에 빠지지는 않았는지 돌아보고, 혐오 표현을 사용했다면 반성하는 습관을 갖는 것이지요. 편견을 갖고 있다면 그렇지 않은 예외를 찾아보는 것도 좋은 방법이에요. '남자는 힘이 세야 해.'라는 편견에 대항해서 힘이 세지 않은 남자를 찾아보고, '한부모 가정의 아이는 문제를 일으켜.'라는 편견에는 모범적인 한부모 가정의 친구를 찾아보는 거예요. 이런 식으로 내 마음속에 자리 잡은 편견을 하나씩 깨트리면 타인의 다양성을 인정하고 존중하게 되어요.

또 하나, 누군가 혐오 표현을 사용한다면 방관하지 않고 적극적으로 개입해요. 혐오 표현을 들은 당사자는 순간 당황해서 적극적으로 대항하기 어려워요. 소수자들이 가장 힘들어하는 건, 누군가 혐오 표현을 썼을 때 다른 사람들도 똑같이 생각하진 않을까 걱정하는 마음이라고 해요. 그럴 때 "난 그렇게 생각하지 않아!"라고 당당히 반론한다면 오히려 혐오 표현을 하는 사람이 부끄러움과 죄책감을 느낄 거예요. 항의하는 사람이 많아질수록 자신의 행위가 옳지 않다는 것을 알고 자제하게 될 테고요.

혐오 표현을 사용하는 유튜브 콘텐츠는 시청을 금지하고 댓글로 항의해야 해요. 또 게임이나 SNS에서 혐오 표현을 발견하면 잘못된 표현임을 지적할 수 있어야 해요. 혐오에 대항하는 댓글 하나가 다수의 마음을 움직일 수도 있어요. 혐오 표현을 쓰는 사람을 사회로부터 고립시키고 격리하는 것이야말로 가장 큰 혐오 대항 방법이에요.

물론 개인의 역할로 혐오를 없애는 데에는 한계가 있어요. 그래서 적

절한 사회적 규제가 필요해요. 차별 금지법이나 혐오 표현 금지법 등 혐오가 범죄임을 인식할 수 있도록 법을 만들고 방송이나 공공기관, 학교 등에서도 혐오 표현을 금지하는 규정을 만들어야 해요. 정치권에서도 혐오 표현을 자제하고, 혐오 표현을 사용하지 않도록 적극적으로 나서야 해요.

오늘 나는 학교에서 어떤 혐오 표현을 들었나요? 그때 나는 어떻게 행동했나요? 이제는 혐오 표현에 물러서지 말고 당당하게 대항하도록 해요.

"난 그렇게 생각하지 않아!"

"네가 틀렸어!"

여러분의 용기가 세상을 아름답게 바꿀 수도 있어요.

⭐ 교육으로 혐오를 예방해요

학생들은 SNS나 유튜브 등을 적극적으로 사용하지만, 그 안에서 발생하는 문제에는 별로 관심이 없어요. 오히려 분위기에 휩쓸려 혐오 표현을 적극적으로 수용하고 재생산하지요. 실제로 학생들이 쓰는 혐오 표현은 짧은 주기로 끊임없이 만들어지고 있다고 해요.

유엔은 2019년 '세계 교육의 날'을 맞아 사회 전반의 분열, 불평등, 배제의 근절을 위한 교육의 역할을 강조했어요. 교육을 통해 다양성을 이

해하고, 타인에 대한 존중을 배워 나가는 것이야말로 편견을 없애는 가장 좋은 방법이란 뜻이지요.

사람의 신념은 생각보다 단단해서, 오랜 시간 쌓아 온 편견을 한순간에 무너뜨리는 건 어려운 일이에요. 특히 어른일수록 나쁜 습관을 고치기 어렵듯이, 편견도 나이를 먹을수록 고치기 힘들어요. 반대

로 생각하면 나이가 어릴수록 나쁜 습관을 빨리 고칠 수 있다는 뜻이기도 해요.

편견도 마찬가지예요. 편견이 고정관념으로 굳어지기 전에 체계적인 교육으로 인식을 개선하는 일이야말로 혐오를 근절하는 첫걸음이라 할 수 있어요. 편견에 대한 의식 개선을 통해 그 후에 나타나는 혐오, 차

세계 어린이들은 어떻게 배우고 있을까?

미국

비영리단체 ADL은 '노 플레이스 포 헤이트'(No Place for Hate)'라는 프로그램을 통해 편견과 혐오가 어떻게 폭력으로 발전하는지 교육하고 있어요. 유아부터 고등학생까지 편견과 혐오, 학교 폭력에 대항하는 법을 배울 수 있지요. 미국의 1,600개 학교가 이 프로그램에 참여하고 있어요.

독일

미디어 윤리 교육을 의무적으로 하고 있어요. 어릴 때부터 온라인에서 상대방을 존중하고 혐오 표현을 쓰지 않도록 가르치지요. 특히 청소년 대다수가 스마트폰을 통해 유해 콘텐츠에 노출되기 때문에 미디어 교육이 중요하다고 강조해요. 제2차 세계 대전 때 유대인을 학살한 부끄러운 역사를 반성하며 인권 교육에도 힘쓰고 있어요.

핀란드

학교 교과 과정을 통해 성별로 인해 자신의 권리를 차별받지 않도록 하는 성평등을 교육하고 있어요. 또한 편견과 혐오, 차별 문제에 대응할 수 있도록 학교마다 교육 프로그램을 만들어 학생 스스로 보호하는 힘을 키우도록 돕고 있어요.

프랑스

학생들을 대상으로 혐오와 차별 금지 교육을 꾸준히 실시하고 있어요. 어릴 때부터 혐오와 차별에 대항하는 활동을 해야 건강한 시민 사회가 만들어진다고 생각하기 때문이에요.

별, 폭력까지 예방할 수 있으니까요.

혐오 근절 교육은 인권 교육, 평등 교육, 미디어 교육 등 다양한 방식으로 이루어져요. 혐오가 전 세계적인 문제로 떠오르면서, 나라마다 그에 맞는 교육 프로그램을 만들어 혐오를 없애기 위해 노력하고 있어요.

우리나라는 2020년부터 국가인권위원회와 전국시도교육감협의회에서 전국 12,000여 곳의 초중등학교에 혐오 표현 근절을 위한 안내서를 배포해 혐오와 차별을 지양하고, 혐오 표현에 대항할 수 있도록 지도하고 있어요. 또한 학교에서 빈번하게 일어나는 다양한 인권과 차별 문제를 해결할 수 있도록 인권 교육 자료를 배포해 인권 교육이 체계적으로 이루어질 수 있도록 지원하고 있어요. 양성평등 의식 증진을 위해 성교육, 성인지 교육, 성폭력 예방 교육 등을 포함한 양성평등 교육도 체계적으로 실시하고 있어요.

그 외에 다문화 및 장애 인식 개선을 위한 각종 프로그램과 강연 등 학교마다 다양한 인권 교육을 진행하고 있지만, 구체적인 혐오, 차별 근절 교육은 아직도 미비한 상태예요. 이는 앞으로 우리 교육이 고민해야 할 중요한 문제이기도 해요.

그렇다면 우리가 할 수 있는 노력은 없을까?

스위스의 교육자 페스탈로치는 이런 말을 남겼어요.

"가정이여, 그대는 도덕의 학교다."

이는 가정에서의 인성 교육을 강조하는 말이에요. 가정이 곧 인성의 출발점이라는 뜻이지요. 가정에서부터 인성과 인권 교육에 힘쓴다면 일찍부터 남을 존중하고 이해하는 포용력을 가질 수 있을 거예요. 교육이라고 해서 거창한 것은 아니에요. 가족과 대화할 때 혐오 표현을 사용하지는 않는지, 나도 모르게 편견에 빠지지는 않았는지 확인하고 만약 혐오 표현을 사용했다면 왜 그랬는지 편하게 이야기를 나눠 보는 거예요.

친구들과 대화할 때도 마찬가지예요. 친구가 내가 가진 편견에 대해 지적한다면 기분 나빠하기보다는 고치도록 노력하고, 반대로 친구가 편견을 갖고 있다면 나 역시 친구를 위해 조언할 수 있어야 해요.

나 혼자서는 어렵지만 많은 사람이 힘을 합친다면 아무리 거대한 혐오

피라미드일지라도 무너뜨릴 수 있어요. 편견 대신 존중과 이해가 바탕이 되는 세상, 혐오 대신 사랑이 번지는 세상을 만들 수 있도록 지구상에 혐오라는 단어가 사라지는 그날까지, 우리 함께 열심히 노력해 봐요.

 우리 이제 혐오하지 말아요

✱ 아래 동그라미 속에 있는 것들은 내가 선택할 수 없는 것들이에요!

- 성별
- 부모
- 나이
- 국가
- 외모
- 언어
- 고향
- 장애
- 질병
- 인종

✱ 내가 스스로 선택할 수 없는 고유한 정체성은 존중해 줘야 해요.

✽ 혐오 표현을 하는 친구에게 이렇게 말해요!

✽ 언어에서 혐오와 차별을 지우고 평등한 세상을 만들어요!

호모, 게이	✗	성소수자	○
결정장애	✗	우유부단하다	○
벙어리장갑	✗	엄지장갑, 손모아장갑	○
귀머거리	✗	청각 장애인	○
꿀 먹은 벙어리	✗	말문이 막힌	○
다문화 가정	✗	이주민 가정	○
결손 가정	✗	한부모 가정 / 조손 가정	○
장애우	✗	장애인	○
혼혈아	✗	~계 한국인 (ex 영국계 한국인)	○

생각쑥쑥 지식학교 02
10대를 위한 나도 몰랐던 혐오 이야기

초판 1쇄 발행 2024년 10월 31일

글 | 채화영
그림 | 이한울

펴낸곳 | 보랏빛소
펴낸이 | 김철원

책임편집 | 김이슬
디자인 | 진선미
마케팅·홍보 | 이운섭

출판신고 | 2014년 11월 26일 제2015-000327호
주소 | 서울시 마포구 양화로1길 29 2층
대표전화·팩시밀리 | 070-8668-8802 (F)02-323-8803
이메일 | boracow8800@gmail.com

• 이 책의 판권은 저자와 보랏빛소에 있습니다.
• 저작권법에 의해 보호 받는 저작물이므로 무단전재와 복제를 금합니다.
• 책값은 뒤표지에 있습니다. 잘못된 책은 구입한 곳에서 바꾸어 드립니다.

어린이제품 안전특별법에 의한 제품 표시사항
제조자명: 보랏빛소 | 제조국명: 대한민국
제조년월: 2024년 10월 | 사용연령: 10세 이상